Géopolitique
du Covid-19

Éditions Eyrolles
61, bd Saint-Germain
75240 Paris Cedex 05
www.editions-eyrolles.com

Maquette et mise en pages: Florian Hue

Dans la mesure où le genre du substantif Covid fait actuellement l'objet d'un débat public, nous avons fait le choix de parler *du* Covid (et non pas *de la* Covid), conformément à l'usage répandu dans la plupart des médias.

© Éditions Eyrolles, 2020
ISBN : 978-2-416-00056-0

Pascal BONIFACE

Géopolitique du Covid-19

Ce que nous révèle la crise du coronavirus

Éditions
EYROLLES

Sommaire

Remerciements

Les multiples talents de Victor Pelpel sont une aide précieuse en temps ordinaires. En période de Covid-19, ils se révèlent encore plus indispensables. Il m'a largement facilité l'écriture de ce livre par son accompagnement et ses conseils.

Cassandre Weil a effectué un stage dans des conditions très particulières. Elle s'est révélée être une assistante de recherche réactive et efficace.

Merci à Agnès Fontaine de m'avoir sollicité pour ce livre.

Préface

La pandémie occasionnée par le virus du Covid-19 a bouleversé notre lecture du monde, notre évaluation des rapports de force entre les nations et les blocs d'alliance, la place de la France et de l'Europe, l'avenir du monde occidental comme lieu privilégié du développement humain. La question nous taraude : comment sera le monde d'après ? Les bistros étant fermés à l'heure où j'écris cette préface, les prévisionnistes se sont installés sur les réseaux sociaux et les plateaux des chaînes d'information en continu. Les micros se tendent vers l'archétypale madame Michu, qui nous délivre sa vision très éloignée de la perspective de lendemains qui chantent. Elle a bien des raisons à faire valoir pour étayer ce pessimisme, d'autant qu'elle est rejointe par le sage Jean-Yves Le Drian qui, impavide, assure : « Le monde d'après ? Ce sera le monde d'avant, en pire ! » D'autres, au contraire, stigmatisent un monde marqué par des désordres récurrents, estimant que les remises en question induites par la pandémie rebattent les cartes et sont, en fait, des opportunités à saisir.

Bien difficile, donc, de se faire une idée définitive, tant les données nous apparaissent fluctuantes. Le débat fait rage, y compris dans notre propre sphère familiale ou amicale. Plus que jamais, nous avons besoin d'avis qui posent des diagnostics documentés et évaluent les évolutions géostratégiques possibles, en y intégrant les variables économiques, sanitaires et sociétales. À ce titre, Pascal Boniface nous apporte des ressources de tout premier ordre pour que nous nous échappions des opinions et des croyances. À la tête de l'IRIS, l'Institut de Relations Internationales et Stratégiques, depuis 1990, il a fait de ce think tank indépendant un centre de ressources de renommée internationale, classé dans le Top 50 des think tank mondiaux. Ses publications, telles *L'Année stratégique* ou *La Revue internationale et stratégique*, ainsi que ses nombreux ouvrages, livrent des clés majeures de compréhension de ce monde incertain.

En effet, par mes contacts journaliers avec mes lecteurs ou les téléspectateurs de mes émissions, je constate que, quel que soit le niveau social et/ou culturel, quels que soient les engagements politiques ou religieux, les mêmes doutes taraudent mes interlocuteurs. Le plus violent est, indubitablement, l'effet de sidération causé par la brutalité de la survenue d'une pandémie jugée par les gouvernants inattendue et même, carrément, imprévisible. Qu'en est-il exactement de cette assertion ? Imprévisible, vraiment ? A-t-on négligé des signaux faibles ? Volontairement décidé de les ignorer ? La France et, au-delà, les pays occidentaux ont-ils péché par arrogance, sûrs des performances de leurs systèmes sanitaires, persuadés que ces maladies étaient l'apanage des pays sous-développés ? Pour la plupart de mes correspondants, la cause est entendue : nous avons baissé la garde ; mais cette intuition méritait d'être interrogée et documentée.

Récurrent, également, est bien le débat sur les méfaits de la mondialisation, et il est frappant de constater que les plus libéraux revisitent leurs présupposés. La mondialisation est contestée sur deux plans. Elle est d'abord vue comme un facteur de diffusion d'éléments infectieux, ce qui peut d'ailleurs faire sourire quand on survole l'histoire des grandes épidémies, avec des bilans humains autrement plus tragiques. Elle est vue, surtout, comme la cause d'un désarmement industriel qui nous a laissés sans défense. Là encore, les tenants de la relocalisation, comme condition incontournable de notre sécurité sanitaire et économique, se heurtent à ceux qui font remarquer que c'est plus la concentration des chaînes de valeur que leur délocalisation qui est la source de nos malheurs ; qu'il faudra accepter des pertes massives de pouvoir d'achat vu l'enchérissement de certains produits et que, par ailleurs, la mondialisation a été une certaine forme de partage des profits entre riches et pauvres. Là encore, bien difficile d'évaluer les rapports bénéfices-risques.

Toutes ces controverses nous amènent à ce surgissement de la Chine dans la cour des superpuissances. Tenue pour coupable de dissimulation, de totalitarisme, de cynisme, de diffusion volontaire d'agents pathogènes et de visées hégémoniques, la Chine fait peur et, en même temps, elle fascine. Les plus optimistes y voient un marché d'opportunités, les pessimistes un ogre sans scrupules qui va nous dépecer à belles dents, les deux scénarios n'étant pas exclusifs l'un de l'autre. Il nous faudra, en ce domaine, faire la part entre des phénomènes à l'œuvre depuis longtemps, que la pandémie n'a fait que révéler, et le choc engendré sur les économies occidentales par les mesures drastiques de confinement, qui les mettent en position d'extrême faiblesse.

En parallèle, notre angoisse est amplifiée par le retrait, marqué par l'arrogance et l'agressivité, des États-Unis. Cette puissance tutélaire, ressentie comme globalement amicale, apparaît comme un facteur de dangerosité, puisqu'elle a lâché le manche du parapluie de notre défense. Là encore, cette transition – rendue visible par les comportements caricaturaux de Donald Trump – est à l'œuvre depuis longtemps. La volonté des États-Unis de se tourner vers leur façade pacifique était déjà parfaitement claire chez Barack Obama, même si ce dernier l'exprimait avec un cynisme poli et bien élevé. L'idée que le monde sera dorénavant dominé par un face-à-face sino-américain est maintenant présente dans l'opinion publique, et cette confrontation nous marginalise. L'axe américano-européen n'est plus le centre du monde et nous vivons cela, implicitement, comme une relégation.

Et c'est bien là que Pascal Boniface en arrive à ce qui est une inquiétude existentielle, même si elle reste, pour l'instant, sous-jacente. Quelle place, pour la France et pour l'Europe, dans le monde ainsi polarisé ? Serons-nous condamnés à la régression, à nous contenter d'être un petit village gaulois replié sur lui-même, ou allons-nous réinventer un nouveau multilatéralisme, porteur d'espoir pour tous les peuples qui ne se reconnaîtront pas dans cet axe pacifique si mal nommé ? C'est le défi qui nous attend.

Pascal Boniface pose ainsi les fondations d'une réflexion féconde, tant pour le diagnostic sans concession de nos failles que pour l'ouverture de perspectives dont nos comportements individuels et collectifs détiennent les clés.

Roselyne **BACHELOT-NARQUIN**

Introduction

Alors qu'André Malraux l'interrogeait sur les leçons et le bilan qu'il tirait de la Révolution française, Zhou Enlai, ancien Premier ministre de la République populaire de Chine, lui répondit : « C'est encore trop tôt pour les connaître vraiment. » Sa volonté de prendre du recul et de s'écarter de formules péremptoires l'aurait certainement disqualifié pour participer à certains des *talk-shows* que nous connaissons.

Au-delà de la remarque mi-sérieuse, mi-boutade de Zhou Enlai, dresser un bilan géostratégique d'une crise qui n'est pas encore terminée, et qui s'est déclenchée il y a seulement quelques mois, peut paraître irréaliste. Cet événement n'a-t-il pas totalement changé la face du monde ? On entend régulièrement que « plus rien ne sera comme avant », que nous allons entrer dans « le monde d'après ». On efface tout et on recommence ? Va-t-on revenir à un monde pré-mondialisation ? Nous projeter dans un monde post-mondialisation ? Qui va en définir le cadre et les règles ? Y a-t-il eu un « moment Covid-19 », un tournant majeur dans les relations internationales ?

Je me suis souvent exprimé contre l'inflation de l'usage des termes de « révolution historique » ou « révolution stratégique ». Il n'y en a pas tant que cela au cours d'un siècle. On confond trop souvent les évènements conjoncturels et les révolutions structurelles qui, elles, modifient réellement l'ordre mondial.

Le Covid-19 est entre les deux. La crise déclenchée par le virus n'a pas créé de tendances qui n'existaient pas, qu'il s'agisse de la compétition entre la Chine et les États-Unis, de la crise du multilatéralisme, des interrogations européennes ou des limites de la mondialisation. Mais elle en a changé profondément les termes. Elle a accentué, amplifié, exacerbé tant leur réalité que leur perception. Et cette cristallisation opérée pourrait avoir des conséquences lourdes. Il y a bien un « moment Covid-19 » sur le plan géopolitique. Ses effets ne sont pas forcément rassurants.

Chapitre 1

Sidération

Personne n'avait prévu une telle pandémie.
Vraiment personne ?
Ou n'a-t-on pas été suffisamment attentifs
à certains avertissements ?

« Je vois le monde un peu comme on voit l'incroyable[1]. » La crise du Covid-19 peut en effet apparaître comme incroyable, à proprement parler. D'ailleurs, beaucoup de personnes, dont de nombreux dirigeants politiques, y compris ceux à qui on prête ordinairement un comportement rationnel, n'y ont initialement pas cru.

En un temps record, cette crise a totalement modifié notre mode de vie quotidien individuel, nous privant des

---

1. Léo Ferré, *Tu ne dis jamais rien.*

droits les plus élémentaires comme ceux d'aller et venir, de se réunir, d'assister à un concert ou à un match de foot, d'aller au restaurant, de voyager et, souvent, de travailler. Elle a provoqué le confinement de plus de la moitié de l'humanité. Elle a bouleversé l'économie mondiale, en la mettant en grande partie à l'arrêt, créant des centaines de millions de chômeurs et/ou privant de nombreux individus de leurs ressources quotidiennes. Elle a fait ressurgir des frontières hermétiques, y compris entre des pays voisins et alliés comme la France et l'Allemagne. Le couple franco-allemand, comme on présente souvent ce duo, a été séparé de corps.

Un monde sidéré

Celui qui aurait annoncé un tel scénario le 31 décembre 2019, au moment où l'on passait le cap de la nouvelle année, aurait été pris pour un hurluberlu en quête de sensationnalisme ou testant un scénario pour un film catastrophe particulièrement imaginatif, poussant bien loin les limites du réel et cherchant à attirer l'attention sur lui. Mais la réalité a, une fois de plus, dépassé la fiction. Ce cauchemar délirant, nous l'avons vécu bien éveillés. Les certitudes les plus établies sur la mondialisation, enracinées dans l'esprit de chacun depuis plus de trente ans, ont été dispersées façon puzzle. Notre façon de voir le monde, d'y vivre, a volé en éclats, nous laissant absolument sidérés.

Selon le dictionnaire *Larousse*, la sidération est l'« anéantissement subit des forces vitales, se traduisant par un arrêt de la respiration et un état de mort apparente ». Selon une autre définition, la sidération est un état de stupeur émotive dans lequel le sujet figé, inerte, donne l'impression d'une perte de connaissance. C'est bien un état de sidération qui a frappé le monde lors du déclenchement de cette crise. Tout semble s'être arrêté dans un monde qui était auparavant toujours en mouvement, nous figeant comme des enfants qui jouent à « 1, 2, 3 Soleil ! »

« L'immobilité, ça dérange le siècle » proclamait déjà Léo Ferré dans *Il n'y a plus rien,* aux trois quarts du xxᵉ siècle. C'est bien sûr encore plus vrai au xxiᵉ siècle. Cette immobilité imposée nous a laissés groggy, K.-O. On parvient finalement à s'y habituer, on recherche de nouvelles normalités dans un monde qu'on aurait jugé, auparavant, profondément anormal. On admet assez facilement l'inadmissible, car notre vie est en jeu. Qui aurait prédit, le week-end du 7 mars[1], que le confinement serait imposé sur le territoire national français le week-end d'après ?

Certes, on a pu être sidérés, pris de court, mais on ne peut pas dire que l'on n'a pas été prévenus. Car les mises en garde, les signaux d'alerte, les avertissements ont été multiples et divers, à l'étranger comme en France. Mais nous n'en avons pas tenu compte, ces scénarios paraissant démesurés et leur probabilité de survenance extrêmement faible, ou les mesures à prendre pour y faire face jugées trop coûteuses, trop exigeantes. Celui qui aurait

---

1. À cette date, le président de la République nous incitait à sortir, à aller au théâtre comme il le faisait lui-même. Une semaine plus tard, le Premier ministre ordonnera la fermeture des théâtres ainsi que celle des restaurants, des bars, des cafés et des salles de spectacle, ainsi que l'arrêt des compétitions sportives.

préconisé un vaste plan de protection pour répondre à un tel défi aurait été qualifié de parfait irresponsable ou accusé de gaspiller l'argent des contribuables, coupable de gabegie. Bref, quelqu'un qui n'est pas digne de gouverner. Or, c'est bien connu, gouverner, c'est prévoir. Dans le cas présent, rien n'a été prévu, alors qu'on avait bien été prévenus.

Des mises en garde ignorées

Être attentif aux signaux faibles est une préconisation de plus en plus fréquente. Face au Covid-19, des signaux pourtant très forts ont été ignorés.

Les films sont parfois inspirés de faits réels. En 2011, le film *Contagion* du réalisateur Steven Soderbergh sortait sur grand écran. Le scénario paraissait, à l'époque, tout à fait surréaliste, et pourtant… Inspiré par l'épidémie de SRAS[1], il s'agit de l'histoire d'un virus qui se répand à travers la planète, dont la première victime est originaire de Hong Kong. En l'occurrence, le virus fictif passe de la chauve-souris à l'homme *via* un cochon, dont la viande va être consommée par la malheureuse héroïne. La suite est terrible : blocage de l'économie mondiale, 26 millions de morts en moins d'un mois. Cependant, rien n'oblige à prendre au sérieux les scénarios catastrophe d'Hollywood…

Mais justement, d'Hollywood au café du Commerce, la Central Intelligence Agency (CIA) suscite tous les

---

1. Syndrome respiratoire aigu sévère. Apparue en Chine fin 2002, l'épidémie de SRAS a fait environ 800 victimes (principalement en Chine et en Amérique du Nord).

fantasmes, entre théorie du complot et réalité des stratégies d'influence, coups tordus et suivi attentif des évolutions du monde, basses œuvres et information des autorités américaines. Si, par définition, son travail n'a pas vocation à se dérouler en direct sur la place publique (même si ses archives sont ouvertes au bout d'un certain temps), elle produit également des documents accessibles à tous, sans doute afin de démontrer à chacun la profondeur d'analyse de ses agents et, ainsi, de compenser tous les échecs qui lui sont attribués, à tort ou à raison.

Le nouveau rapport de la CIA - Comment sera le monde de demain ?, publié aux éditions Robert Laffont en 2009 et préfacé par Alexandre Adler, mentionne une possible épidémie basée sur des agents pathogènes similaires au Coronavirus-SRAS, apparaissant dans « une zone à forte densité de population, de grande proximité entre humains et animaux comme il en existe en Chine, dans le Sud-Est asiatique [...] ». Le virus provoquerait « une nouvelle maladie respiratoire humaine virulente, extrêmement contagieuse, pour laquelle il n'existe[rait] pas de traitement adéquat [...]. Il pourrait être diffusé à l'échelle mondiale par des voyageurs. Dans le pire des scénarios envisagés, il y aurait des centaines de millions de morts ». Le rapport se base manifestement sur une épidémie comme celle du SRAS, survenue en 2003, qui n'aurait pas été contenue. Certes, cela fait partie des multiples scénarios envisagés dans les rapports des services de renseignement, tellement nombreux, et quelquefois improbables, que certains se demandent si on ne les empile pas à dessein. Les services de renseignement sont parfois soupçonnés de multiplier ces rapports pour se couvrir et être toujours en mesure de dire : « On vous l'avait bien dit, mais c'est vous qui n'en avez pas tenu compte. » En tous les cas, aucune mesure n'a été prise en fonction de cette alerte, la rendant, de fait, inutile.

Bill Gates, dans une conférence de mars 2015[1], avait également averti que le péril immédiat pour l'humanité n'était pas nucléaire, mais sanitaire. L'épidémie d'Ebola, survenue à partir de 2014 en Afrique subsaharienne et ayant fait plus de 12 500 victimes, avait selon lui constitué une alerte. Elle avait certes pu être maîtrisée rapidement, mais Bill Gates avait compris qu'une nouvelle épidémie, moins maîtrisable, était possible. Au moins est-il conséquent et cohérent. Il a toujours fait de la prévention des pandémies, de la lutte en faveur des questions sanitaires mondiales, un objectif majeur de sa fondation. L'homme d'affaires peut difficilement être pris pour un plaisantin. Il a mis la main à la poche, une poche large et bien remplie. Selon l'Organisation mondiale de la Santé (OMS), en 2017, la fondation Bill et Melinda Gates a versé 325 millions de dollars à l'institution, soit plus des trois quarts de la contribution des États-Unis la même année. En 2018, la donation de la fondation destinée à l'OMS était de 229 millions de dollars. Depuis 1999, la fondation Gates a également consacré près de 4 milliards de dollars à la question de l'immunisation et de la vaccination, à travers différentes instances internationales. On aurait ainsi pu se dire qu'il y avait peut-être quelque chose à prendre en compte, à observer de près

---

1. Conférence TEDx de Bill Gates en mars 2015 : https://www.ted.com/talks/bill_gates_the_next_outbreak_we_re_not_ready?language=fr

étant donné l'envergure du personnage et l'importance de son implication. Il n'en fut rien.

En avril 2005, l'inspection générale de l'administration en France publiait un rapport portant sur l'organisation et le fonctionnement des pouvoirs publics en cas de « crise majeure au cours de laquelle la situation économique, l'appareil social, les structures administratives sont durablement perturbés, notamment par une crise sanitaire grave[1] ». Le rapport évoquait une pandémie mondiale qui pourrait conduire à une désorganisation majeure, voire à une paralysie de la vie du pays. C'est exactement ce qui s'est produit quinze ans plus tard.

En France, toujours, nous avons un exercice intitulé *Livre blanc sur la défense et la sécurité nationale*. La rédaction du premier, publié en 1972, avait été dirigée par Michel Debré, alors ministre de la Défense, qui y avait, en quelque sorte, codifié le concept de dissuasion nucléaire. L'exercice était revêtu d'un prestige particulier. Édouard Balladur, de ce fait, en avait préparé un en tant que Premier ministre pendant la cohabitation (1993-1995). Il s'agissait d'affirmer ses positions sur les questions stratégiques par rapport au président Mitterrand, afin d'étoffer son propre profil présidentiel. Par la suite, deux autres livres blancs ont été réalisés à l'occasion d'alternances politiques. L'exercice est généralement élaboré avec la fine fleur des officiels et de la communauté stratégique. Il est censé donner la cartographie la plus exacte des menaces qui pèsent sur la France et définir ainsi les moyens qui doivent être alloués à sa défense. En réalité,

---

1. *Le Monde*, 5 mai 2020.

certains mauvais esprits estiment que l'objectif d'un tel exercice est surtout de donner un habillage à un budget déjà déterminé, et qu'il s'agit plus de faire rentrer un pied dans la chaussure que l'on peut se payer que de choisir la chaussure la plus adaptée à son pied… On fait d'ailleurs généralement attention à ne pas sortir des sentiers balisés et, en réalité, l'exercice est sous contrôle.

Toujours est-il que les deux derniers livres blancs (2008 et 2013), ainsi que la *Revue stratégique de défense et de sécurité nationale 2017*, lancés successivement par les présidents Sarkozy, Hollande et Macron peu après leur prise de fonction, évoquaient bien le risque d'une pandémie comparable à celle qui nous a frappés.

Le *Livre blanc sur la défense et la sécurité nationale* publié en 2008, après l'élection de Nicolas Sarkozy, évoque à cinq reprises les risques sanitaires. Il y est notamment écrit, page 55 : « Les risques d'origine naturelle ou sanitaire sont devenus des facteurs de déstabilisation massive pour la population et les pouvoirs publics. Les risques sanitaires sont susceptibles d'engendrer une désorganisation des échanges économiques. Ils présentent des coûts de prévention et de protection très importants. La propagation de nouvelles souches virales ou bactériennes ou la réapparition sur le continent européen de souches anciennes résultent de l'ouverture des frontières, de la fluidité des transports et de la rapidité des échanges internationaux. »

Le *Livre blanc* de 2013 évoque ce risque à trois reprises, notamment page 42 : « La rapidité des transports qui augmente la vitesse de propagation des risques sanitaires et l'échelle potentielle de leur diffusion, oblige les États à trouver de nouveaux moyens d'action pour prévenir le développement des pandémies. » Et, page 46 : « Le risque existe notamment d'une nouvelle pandémie hautement pathogène et à forte létalité résultant, par exemple, de l'émergence d'un nouveau virus franchissant la barrière des espèces ou d'un virus échappé d'un laboratoire de confinement. [...] Une désorganisation au départ limitée peut rapidement se propager et être amplifiée au point de constituer une menace affectant la sécurité nationale. »

La *Revue stratégique de défense et de sécurité nationale 2017* lançait également une alerte à deux reprises, en son paragraphe 69 : « L'accroissement de la mobilité de la population favorise l'extension des aires de diffusion de certaines maladies ainsi que la propagation rapide et à grande échelle de virus à l'origine d'épidémies diverses (syndrome respiratoire aigu sévère – SRAS) », et paragraphe 70 : « Le risque d'émergence d'un nouveau virus franchissant la barrière des espèces ou échappant à un laboratoire de confinement est réel. »

Le moins que l'on puisse dire, c'est que ces alertes ou mises en garde n'ont pas du tout été prises en compte. Le danger a bien été prédit, mais nul n'a tenu compte de ces prédictions, comme si l'exercice était purement théorique, comme un exercice de style juste bon pour le décorum mais sans aucune conséquence pratique.

Comme Roselyne Bachelot-Narquin l'a fait remarquer, la préparation du pays à une éventuelle pandémie ne ressortait d'aucun des programmes des onze candidats présents au premier tour de l'élection présidentielle de 2017 – et, d'ailleurs, aucun journaliste ne les avait interpellés à ce sujet[1].

---

1. Édito de *Nice Matin*, 3 mai 2020.

La prévention, c'est cher

On se rappelle d'ailleurs les critiques souvent méprisantes – l'auraient-elles été autant si le ministre avait été un homme? – lancées contre Roselyne Bachelot-Narquin, alors ministre de la Santé, pour avoir acheté des masques et des vaccins en masse une fois que l'épidémie de grippe H1N1 s'était déclarée. Qui aurait, par la suite, couru le risque de commander des équipements sanitaires avant le déclenchement d'une crise? Elle a été ridiculisée, moquée, insultée et même tenue pour responsable d'une gabegie monstrueuse, censée prouver son incompétence crasse. Ceci explique pourquoi le principe de précaution a ensuite consisté à ne pas prendre de mesures préventives, sans doute utiles mais trop coûteuses politiquement. Si *Le Point*, *Valeurs actuelles* ou l'IFRAP[1] avaient appris qu'il existait un stock de masques que l'on renouvelait tous les trois ans sans pour autant les utiliser, ils auraient sans doute publié un dossier vengeur et accusateur sur l'irresponsabilité de l'État et la folie des dépenses publiques, accompagné de unes assassines sur le scandale du gâchis des masques. La prévention, c'est toujours cher au regard des résultats, car justement, en empêchant une catastrophe, on la rend moins visible.

Le sentiment de supériorité du monde occidental a bien sûr joué dans la non-prise en compte de ces multiples alertes. Elles ne pouvaient être que virtuelles pour le monde « riche ». Ces pandémies ne pouvaient qu'être limitées à l'Asie ou à l'Afrique; c'était l'affaire des pauvres, des sous-développés, des pays faits de taudis et de

____

1. Think tank libéral toujours prompt à dénoncer les dépenses publiques.

populations entassées, aux habitudes alimentaires déplorables, du manque d'hygiène et d'un système sanitaire peu performant. L'extinction rapide de la grippe H1N1 avait également eu un effet de baisse de vigilance. Le risque politique d'en faire trop avait surpassé celui de ne pas en faire assez.

Pourquoi ne pas avoir tenu compte des avertissements formulés par des organismes ou structures parfaitement sérieux, professionnels et peu susceptibles de fantaisie ? Faut-il conclure, de la non-prise en compte de ces recommandations des livres blancs sur la Défense, que ces exercices n'auraient été que des écrans de fumée pour habiller des décisions budgétaires déjà prises ? Que la CIA multiplie les scénarios pour noyer le décideur de leurs flots multiples et se couvrir de tout reproche éventuel, en disant « on vous l'avait bien dit, ce n'est pas notre faute si vous n'en avez pas tenu compte » ? Trop de prévisions tue-t-elle la prévision ?

Ou peut-être, tout simplement, qu'on ne voulait pas y croire. Que ces scénarios servaient de décor mais que beaucoup les ont jugés irréalistes tellement ils allaient à l'encontre des croyances les plus pleinement établies. En tout cas, il y a, rétrospectivement, une réflexion à faire sur la façon dont la prospective est prise en compte par les décideurs.

Les crises présentent toujours le même scénario : elles surgissent toujours à l'improviste quand personne ne s'y attend. Dans les années 1960, une expérience fut réalisée sous prétexte de mener une étude sur la vie urbaine. L'expérience suit le principe suivant : on convoque des volontaires que l'on place seuls, dans une pièce, pour remplir un questionnaire. De la fumée sort d'un endroit de la pièce. Le volontaire s'en inquiète, regarde d'où provient la fumée et, s'il ne trouve pas comment l'arrêter, sort de la pièce pour demander de l'aide. On refait la même expérience, mais cette fois-ci, il y a d'autres personnes avec le volontaire dans la pièce, des complices de l'étude. Lorsque la fumée sort le volontaire a pour premier réflexe non pas d'aller voir d'où vient la fumée mais de regarder ce que font les autres personnes présentes. Les complices de l'étude ne réagissant pas, neuf fois sur dix, le volontaire fait de même. Dans un seul cas sur dix, il sort de la pièce à nouveau pour demander de l'aide. Comment expliquer une telle réaction ? Lorsqu'il est seul, le volontaire pense qu'il est de sa responsabilité de réagir. S'il y a d'autres personnes qui restent calmes, cela montre que la situation n'est pas si inquiétante. Le facteur de la peur du ridicule d'agir en décalage par rapport au groupe rentre aussi en compte[1].

Nous avons donc été pris de court. Il y a, certainement, des leçons à tirer de cette affaire. Saurons-nous le faire ?

Cette crise nous dit aussi beaucoup sur l'état du monde, que nous n'avons peut être pas suffisamment intégré dans notre logiciel. Il y a des réalités qui peuvent être désagréables, mais ce n'est pas en les ignorant que nous les modifions. Le réalisme n'est pas toujours enthousiasmant. Mais l'alternative ne peut que conduire à des catastrophes encore plus désagréables.

---

1. « Biais de normalité : pourquoi on n'a pas vu venir le Coronavirus », sur la chaîne Marketing Mania (de Stanislas Leloup), à retrouver sur YouTube : https://www.youtube.com/watch ?v=hyEKAMDyECo

Chapitre 2

La fin du modèle occidental

Est-ce la fin du modèle occidental ?
Le monde occidental avait déjà perdu
le monopole de la puissance, c'est désormais son modèle
de réussite qui est atteint.
Les Occidentaux se sont montrés démunis
face à la pandémie.
Les images d'hôpitaux débordants de malades
ou des fosses communes de New York ont créé un
véritable choc : les Occidentaux sont au même niveau
que le reste du monde, et non plus au-dessus.
Quelles leçons en tirer ?

En 1990, *Time Magazine* évoquait l'Union soviétique avec cette une choc : « La superpuissance mendiante ». Cette URSS, qui avait fait trembler le monde occidental depuis la fin de la Seconde Guerre mondiale, en était réduite à quémander une aide financière pour sauver la *perestroïka* et le régime soviétique. En décembre 1991, l'URSS cessait d'exister.

Trente ans plus tard, le 20 avril 2020, *Time Magazine* titrait : « Mendiant pour des thermomètres, des *bodybags* et des blouses, les travailleurs hospitaliers américains sont dangereusement sous-équipés pour combattre le Covid-19. » Le dossier témoignait d'une pénurie générale d'équipements de base et évoquait même des sanctions qui auraient été prises contre certains personnels soignants ayant publiquement tiré la sonnette d'alarme. Bien sûr, les États-Unis ne vont pas s'effondrer comme l'Union soviétique, mais le parallèle est saisissant.

Le roi occidental est nu

Deux tiers des Américains ne peuvent faire face à une dépense imprévue de 500 $. C'est le coût, dans ce pays, d'un test de détection du Covid-19 qui n'est pas remboursé. Les États-Unis sont une superpuissance militaire, mais ressemblent en grande partie à un pays du tiers monde s'agissant de leur système de soins pour les plus démunis. Un système, en tout cas, très inégalitaire. L'image d'hyperpuissance accolée aux États-Unis, pour reprendre l'expression de l'ancien ministre des Affaires étrangères français Hubert Védrine, en prend un coup. Une force militaire inégalable, une monnaie, le dollar, roi de l'économie internationale, Hollywood et la Silicon Valley, une législation extraterritoriale qui permet de sanctionner les contrevenants à la loi nationale américaine… mais aussi des scènes, dans certains hôpitaux, dignes d'États faillis.

En avril 2020, une tranchée de plusieurs dizaines de mètres de longueur était creusée au bulldozer sur Hart Island (New York). Cette immense fosse commune est devenue le symbole du martyr de New York face au Covid-19. « Les services funéraires de la métropole sont débordés, les morgues pleines et des camions frigorifiques d'appui stationnent sur les parkings des hôpitaux. Les crématoriums ne peuvent plus répondre à la demande. » À Détroit, on a pu voir « des chambres d'hôpitaux remplies de cadavres dans des sacs mortuaires, certains même assis sur des fauteuils[1] ». L'image des fosses communes associée à la ville phare de la globalisation, de l'opulence et de la modernité, la ville « qui ne dort jamais », est un choc profond. Dans l'imaginaire collectif, de telles fosses communes sont associées au tiers monde, au dénuement, à la misère la plus noire. Harare ou Port-au-Prince, OK, mais pas « Big Apple ».

Un peu plus au sud, la Nouvelle-Orléans donne également une image de désolation. Quinze ans après avoir été frappée par l'ouragan Katrina, elle est touchée de plein fouet par l'épidémie de Covid-19. Le carnaval annuel de la ville avait eu lieu le 25 février 2020, réunissant plus d'un million de personnes. Aurait-il dû être annulé ? À la même date, les parcs Disney et les théâtres de Broadway étaient également toujours ouverts. Le sentiment d'un abandon de la part de l'État, déjà connu sous la présidence Bush lors de Katrina, réapparaissait à

---

1. *Le Parisien*, 16 avril 2020.

la Nouvelle-Orléans sous l'administration Trump dans le cadre de l'épidémie de Covid-19. Et, pour beaucoup, le fait que la majorité de la population de la ville soit noire n'est pas sans lien avec ce phénomène.

Les Afro-Américains représenteraient un tiers des hospitalisations liées au Covid-19, alors qu'ils ne représentent que 13 % de la population aux États-Unis. « Le diabète, l'hypertension, l'obésité et l'asthme affectent de manière disproportionnée les populations minoritaires, en particulier les Afro-Américains », explique Anthony Fauci, expert américain en maladies infectieuses qui a pris la tête de la cellule de crise de la Maison Blanche au cours de la pandémie de Covid-19[1]. En Louisiane, comme à Chicago, la communauté noire représente 70 % des morts du Covid-19, alors qu'elle ne pèse que pour 30 % de la population[2].

Le 3 mai, des dizaines de corps en décomposition ont été trouvés dans un salon funéraire de Brooklyn (New York). Les responsables ont expliqué qu'ils avaient utilisé les camions pour l'entreposage des corps, car la chapelle était pleine à craquer. « Les cadavres pleuvent de partout », ont-ils déclaré[3].

Si les pays européens s'en sortent de façon moins catastrophique, le bilan n'est pas brillant pour autant. De manière générale, les systèmes de santé des pays de l'Union européenne ont été débordés. Au sein de certains hôpitaux européens, nous avons ainsi pu observer des scènes de malades entassés, le personnel médical ne

---

1. *Le Monde*, 10 avril 2020.
2. *Politis*, 23 avril 2020.
3. Romuald Sciora, « A sunny day in New York », site de l'IRIS, 5 mai 2020.

pouvant, faute de moyens, faire face, malgré son dévouement admirable et ses compétences qui suscitent le respect. Les pouvoirs politiques semblaient livrés à l'imprévision la plus absolue. Bref, des pays riches, modernes, servant de modèle – modèle qu'ils n'hésitent d'ailleurs jamais à mettre en avant – mais qui n'ont pas été en mesure de faire face à un choc sanitaire. Et, nécessairement, l'image qu'ils avaient et qu'ils aimaient à donner en a été atteinte.

En juin 1940, l'effondrement subit de l'armée française, censée être la plus puissante du monde, balayée en trois semaines par les panzers allemands, ainsi que la défaite rapide d'autres puissances coloniales comme la Belgique et les Pays-Bas, ou encore les difficultés énormes de l'Angleterre, avaient décillé les yeux des peuples coloniaux : les puissances coloniales européennes, estimées invincibles et surpuissantes, ne l'étaient pas. L'épidémie de Covid-19 constitue en quelque sorte un « juin 1940 sanitaire » – et un 11 Septembre du même type pour les États-Unis. Bien sûr, il n'y aura ni occupation, ni collaboration, mais le parallèle réside dans l'effondrement soudain d'une forteresse qu'on croyait imprenable. Elle débouche sur la prise de conscience d'un écart qui n'est finalement pas si grand entre le Nord et le Sud, entre l'Occident et le reste du monde. Mais, si le reste du monde est très conscient de cette réalité, l'ensemble du monde occidental ne l'a pas encore réalisée.

C'est une nouvelle version du conte *Les habits neufs de l'empereur*. Dans ce dernier, le public, pour flatter le souverain, fait semblant d'admirer ses vêtements qui, en réalité, n'existent pas. L'empereur, dès lors, s'auto-persuade qu'il est paré des plus beaux atours, alors qu'il est nu comme un ver. Aujourd'hui, le reste du monde nous crie que nous, Occidentaux, ne sommes pas si bien vêtus, mais nous ne l'entendons pas et nous continuons à nous admirer nous-mêmes.

Une source de ce problème ne réside-t-elle pas justement dans ce sentiment de supériorité qui structure la pensée occidentale, sans qu'elle le réalise toujours? N'est-ce pas une certaine morgue occidentale qui a empêché le monde occidental d'être vigilant et qui a été la cause de sa fragilité? Or, c'est justement cette même morgue que, très souvent, les dits « non-Occidentaux » nous reprochent.

Comme le fait remarquer Pierre Haski, « l'Europe a ainsi observé les images de Wuhan en janvier avec distance, sans imaginer un instant que le virus pouvait la toucher de plein fouet. Sans doute les informations incomplètes chinoises ont-elles joué; mais les scènes d'apocalypse dans les hôpitaux ont été accueillies avec un sentiment inconscient de supériorité: pas possible chez nous, bien sûr. Lorsque l'Italie du Nord a été à son tour durement frappée, et les hôpitaux débordés, les mêmes commentaires ont été faits sur la fragilité de l'État italien, par exemple. Et, là encore, pas vraiment de soupçon que ça pouvait, que ça allait arriver "chez nous"[1]. »

L'autre choc a résidé dans les restrictions de mouvement imposées aux Occidentaux par des pays du Sud. Habituellement, de telles restrictions se font dans l'autre

---

1. Pierre Haski, « Le « miroir déformant » de la pandémie de coronavirus », chronique *Géopolitique* du 6 avril 2020, *France Inter*.

sens. « "La Tunisie expulse trente Italiens". Je n'en ai pas cru mes yeux. Généralement, les expulsions se déroulent depuis le sol européen en défaveur de citoyens africains. [...] La citoyenneté européenne garantit un accès à la quasi-intégralité des territoires qui composent cette planète, aussi ne sommes-nous sans doute pas préparés psychologiquement à l'idée d'être traités comme indésirables à l'étranger ou de faire face à des limites dans notre liberté de circulation[1]. »

Lorsque la Chine interdit tout déplacement à des millions de personnes du fait de l'épidémie, nous ne concluons pas qu'il y a là un véritable danger qui nous guette. Nous préférons y voir un agissement propre à une dictature qui, évidemment, ne pourrait jamais survenir dans une démocratie occidentale. Si la Chine a manqué de transparence au début de l'épidémie, nous avons, pour notre part, manqué de vigilance au regard de ce qui s'y passait, en grande partie par aveuglement idéologique.

Une domination de cinq siècles

La première mondialisation, à partir de 1492, a été, dans les faits, une européanisation du monde. D'abord avec l'Europe, puis avec les États-Unis, le monde occidental a dominé, dirigé et conquis le monde pendant cinq siècles. Il en a développé des habitudes de supériorité à l'égard des autres civilisations qu'il a pu soumettre. Aucune domination ne peut se faire sans abaisser celui qui est dominé, et ce, afin de légitimer cette domination

---

1. Rokhaya Diallo, « Migration : quand le stigmate change de camp », *Slate*, 8 avril 2020.

et qu'elle n'apparaisse pas comme un rapport de force mais comme relevant de l'ordre normal des choses. Parler des « grandes découvertes » est finalement très européocentré. Nous n'avons rien découvert : les continents, et les peuples qui y vivaient, existaient avant que nous n'abordions leurs côtes. Nous avons, sans scrupules, massacré les populations, et nous nous sommes même demandé si les Indiens avaient une âme. La réponse négative rendait moins inconfortable, pour nos consciences, leur réduction en esclavage. Nous sommes partis à la conquête de l'Afrique au nom du devoir des « civilisations supérieures » de s'occuper des « civilisations inférieures », comme le proclamait Jules Ferry. C'était le « fardeau de l'homme blanc » pour les Britanniques. Dans la réalité, ce sont plutôt les Noirs qui devaient porter et supporter le fardeau, et la trique qui allait avec. Là aussi, il s'agissait d'être moins mal à l'aise moralement avec soi-même, pour masquer des rapports de domination qui ne pouvaient qu'aller avec la répression.

À la fin du XIXe siècle, le chancelier impérial allemand Bismarck pouvait déclarer : « Les relations internationales, c'est simple : il suffit d'être trois contre deux. » En effet, il n'y avait à l'époque que cinq puissances : l'empire russe, l'empire austro-hongrois, l'empire allemand, la France et l'Angleterre. Au début du XXe siècle, si les deux Amériques sont indépendantes, leurs horloges stratégique, économique et culturelle sont encore tournées vers l'Europe. Il n'y a alors que deux États indépendants en Afrique. La Chine, humiliée et soumise, est toujours sous le régime des concessions et des traités inégaux. L'Indochine est française, les Indes sont britanniques, l'Indonésie, néerlandaise. À la suite des deux guerres mondiales – qui sont, d'ailleurs, des guerres civiles européennes –, les États-Unis vont prendre la tête du monde libre et suppléer l'Europe en tant que puissance dominante. La guerre froide, qui a durablement marqué les esprits jusqu'à aujourd'hui, a duré entre quatre et cinq décennies. La domination occidentale du monde a duré cinq siècles. Pendant cinq siècles, nous avons eu le monopole de la puissance et la certitude d'être dans notre bon droit. Les Occidentaux fixaient d'ailleurs eux-mêmes les règles d'un droit qualifié d'« international » qui, en réalité, est un droit occidental. Nous avions également le sentiment confortable de faire tout ceci pour le bien des autres. Nous avons fixé seuls l'agenda international, nous étions habitués à être obéis, à user sans état d'âme de la politique de la canonnière si tel n'était pas le cas. Et nous trouvions cela normal, faisant partie de l'ordre naturel des choses.

Une domination révolue

Cette période est révolue. La troisième vague de mondialisation a provoqué l'émergence de nombreux pays non-occidentaux qui n'acceptent plus, désormais, de se faire dicter leur comportement par les anciennes puissances coloniales ou impériales. Nous ne nous sommes pas toujours rendu compte de cette perte de statut.

	PIB cumulé des membres du G7	PIB mondial	Part des PIB des membres du G7[2] dans le PIB mondial
Évolution de la part du PIB des membres du G7 dans le PIB mondial[1] *(Les PIB sont exprimés en milliards de dollars)*			
1980	6 966	11 243	**62 %**
1990	14 994	22 656	**66 %**
2000	21 942	33 588	**65 %**
2010	32 900	66 051	**50 %**
2018	38 800	85 909	**45 %**

Nous avons certainement encore moins perçu que les leçons de morale que l'on inflige au reste du monde, en pérorant sur la supériorité de nos valeurs, ne sont pas et ne sont plus acceptables dans ce reste du monde. Nous nous rassurons à bon compte, en affirmant que ceux qui s'opposent à nous sont des dictatures, notamment la Russie et la Chine – qui sont effectivement, à la fois, des régimes autoritaires et les rivaux stratégiques du monde occidental. Mais nous nous masquons à nous-mêmes la réalité. Il n'y a pas que les régimes autoritaires et rivaux qui rejettent la domination occidentale. L'Afrique du Sud de Mandela – qui se rappelait avoir été qualifiée de « terroriste » par les États-Unis –, le Brésil de Lula – qui se

---

1. Tableau tiré de l'*Atlas du monde global*, Pascal Boniface & Hubert Védrine, Armand Colin-Fayard, 2020.
2. Le G7 est composé des États-Unis, du Japon, de l'Allemagne, du Royaume-Uni, de la France, de l'Italie et du Canada.

rappelle le soutien des Occidentaux à la dictature – ou encore l'Inde – qui se rappelle les discriminations sous l'Empire britannique – refusent de juger naturel le leadership occidental. Les démocraties du Sud sont tout autant rétives à un monde dirigé par les Occidentaux. Il faut d'ailleurs noter que Jair Bolsonaro est beaucoup plus disposé à l'accepter que Lula, l'ultranationaliste indien Modi plus que le Parti du Congrès.

Comme l'écrit Jean Ziegler : « Son arrogance l'aveugle. Depuis longtemps, l'Occident ne se rend plus compte du rejet qu'il suscite. [...] Et le Sud répond par une méfiance viscérale. Il regarde comme un schizophrène cet Occident dont la pratique dément constamment les valeurs qu'il proclame[1] ».

Kishore Mahbubani, professeur à l'université de Singapour – ville phare du capitalisme mondialisé – ne peut être présenté comme un cryptocommuniste, ni comme un islamogauchiste. Il ne parle pas de la fin du monopole occidental, mais de la fin de la « parenthèse occidentale ». Selon lui, l'Occident, constatant sa fin de domination, n'est pas parvenu à formuler une stratégie globale cohérente et compétitive : « Il préfère gesticuler en tous sens, attaquer l'Irak, bombarder la Syrie, sanctionner la Russie et provoquer la Chine[2]. » « Peu d'Occidentaux reconnaîtront ouvertement que l'*hubris* est le mot-clé qui explique pourquoi l'Occident s'est égaré à la fin de la guerre froide[3]. »

---

1. Jean Ziegler, *La haine de l'Occident*, Albin Michel, 2008, p. 17.
2. Kishore Mahbubani, *L'Occident s'est-il perdu ?*, Fayard, 2018, p. 18-19.
3. *Ibid.*, p. 60.

Et si le monde occidental apprenait la modestie?

Parmi les multiples leçons à tirer de cette crise du Covid-19, le monde occidental devra sûrement apprendre à faire preuve de modestie.

Le monopole occidental sur la puissance a disparu, mais les Occidentaux ont, depuis, continué à se penser au centre du monde. Or, ils n'en constituent qu'une partie. Nous confondons trop souvent « communauté occidentale » et « communauté internationale », en considérant qu'à partir du moment où nous, Occidentaux, avons décidé quelque chose, les autres n'auront qu'à suivre. Nous estimons trop souvent que nos valeurs sont supérieures à celles des autres et qu'il est, de ce fait, sain et nécessaire de les diffuser. Si nous voulons une nouvelle fois les imposer par l'injonction, par la contrainte, nous allons au-devant de graves désillusions. Nous avons trop tendance à penser que le point de vue de l'autre ne compte pas et que, lorsqu'on s'oppose à nous, on s'oppose non pas à nos intérêts nationaux mais bien aux valeurs universelles que nous sommes supposés incarner et promouvoir. Stephen Walt définit ainsi ce déni concernant la politique étrangère des États-Unis : « Une technique consiste à nier que l'hostilité des étrangers n'à rien à voir avec la politique américaine et de l'interpréter seulement comme l'expression de la jalousie, d'un ressentiment, d'un rejet profond des valeurs américaines[1]. »

---

1. Stephen Walt, *The hell of good intentions*, Farrar, Strauss and Giroux, New York, 2018, p. 175.

Nous avons d'ailleurs banni de notre vocabulaire le terme d'« intérêt national ». Nous ne voulons pas l'évoquer publiquement, car cela voudrait dire que nous n'agissons pas dans l'intérêt de tous, et cela effraierait nos consciences. De ce fait, nous nous masquons à nous-mêmes une réalité très bien perçue par les autres. Il n'y a pas de honte à défendre nos intérêts ; c'est même la tâche et la mission des dirigeants d'un pays, et notre intérêt national ne va pas nécessairement à l'encontre de l'intérêt des autres. Là est l'objectif de la négociation et du multi-latéralisme : les rendre le moins irréconciliables possible. Mais comme nous le dissimulons, pour apaiser notre mauvaise conscience, derrière des idéaux et des valeurs, nous sommes choqués et déstabilisés, souvent même furieux lorsque d'autres pays affirment leur propre inté-rêt national. Nous trouvons cela grossier et inadmissible.

Enfin, nous surestimons régulièrement la cohérence de notre propre point de vue tout en sous-estimant le fait que notre incohérence est, la plupart du temps, perçue en dehors du prisme occidental.

Nous devons donc accepter que les « non-Occiden-taux » n'aient pas le même point de vue que nous et que ce n'est pas forcément parce qu'ils sont moins vertueux, moins intelligents ou moins développés. C'est tout sim-plement parce qu'ils n'ont pas le même ADN stratégique que nous. Ils ont développé des points de vue différents, et le fait de prendre en compte le leur ne signifie pas pour autant céder ou renoncer à ce que nous sommes. Ce serait au contraire la preuve d'une volonté d'avancer vers des solutions communes, et non plus de chercher à imposer aux autres (le plus souvent, en vain) nos propres solutions.

Lorsque Lee Kuan Yew, ancien Premier ministre singapourien, a mis en avant les valeurs asiatiques qu'il opposait aux valeurs occidentales, cela a donné lieu à une tempête de protestations indignées au sein du monde occidental, où la dénonciation de ces propos rétrogrades et antidémocratiques était de mise. Ces mêmes valeurs asiatiques, d'ailleurs, qui font primer le collectif sur l'individu, ont été perçues par beaucoup comme une des explications à la meilleure riposte face à la pandémie de Covid-19 en Corée, à Taïwan, à Singapour et en Chine, quatre pays aux systèmes politiques pourtant différents.

L'épidémie de Covid-19 a cristallisé la perception des faiblesses occidentales : notre système n'est pas nécessairement un modèle indispensable que les autres doivent, pour leur bien, adopter sans barguigner. Finalement, à vouloir toujours faire la leçon aux autres, à prendre le reste du monde de haut, nous contribuons d'une certaine manière à notre propre affaiblissement, une telle attitude étant désormais inacceptable aux yeux du reste du monde.

Nous sommes dans un monde où les Occidentaux ne sont plus l'ensemble du monde. Si nous ne le comprenons pas, si nous ne faisons pas de place aux autres, si nous ne saisissons pas que les solutions, aussi bien à la crise du Covid-19 qu'à l'ensemble des défis qui nous sont posés, ne pourront venir que de solutions multilatérales où les « non-Occidentaux » ont également leur mot à dire, nous n'en sortirons pas.

Sur LCI, le 1ᵉʳ avril 2020, il y eut un échange en direct qui n'était pas un poisson d'avril. Jean-Paul Mira, chef de service à l'hôpital Cochin (Paris), a suggéré à Camille Locht, directeur de recherche à l'Inserm[1], de faire de l'Afrique, « où il n'y a pas de masque, pas de traitement, pas de réanimation », un cobaye pour les tests de vaccins contre le Covid-19, « un peu comme ça s'est fait d'ailleurs sur certaines études avec le sida, ou chez les prostituées ». Le tout dit sur le ton de l'évidence, de la recherche sincère d'une bonne solution utile pour tous. Combien de fois n'y a-t-il pas ce genre de remarques, condescendantes dans le meilleur des cas, parfois franchement méprisantes à l'égard des peuples du Sud ? L'injonction de Jules Ferry sur le devoir des « civilisations supérieures » d'aider les « civilisations inférieures » résonne encore. Mais ces propos sont perçus tels qu'ils sont. Ils ne sont plus admis au Sud et jettent l'opprobre sur le Nord. Descendons de notre piédestal et regardons le monde tel qu'il est, et non pas tel que nous l'imaginons.

Surtout que, pour le moment, le Covid-19 a moins frappé l'Afrique que le monde occidental. Moins de 2 500 victimes sur l'ensemble du continent (1,2 milliard d'habitants) sont dénombrées à la mi-mai 2020. Cela s'explique, pêle-mêle, par un outil statistique moins fiable, mais aussi par l'habitude de réagir aux pandémies, une absence de sentiment de supériorité, la jeunesse de la population, etc. L'absence des industries pharmaceutiques et la méfiance à leur égard ont aussi développé le recours aux plantes médicinales traditionnelles, dont l'artemisia, prônée par le président malgache Rajoelina[2].

Au Sénégal, un test de dépistage, qui donne des résultats à la minute, coûte un dollar. Un test similaire coûte

---

1. Institut national de la santé et de la recherche médicale.
2. Afua Hirsch, « Why are Africa's coronavirus successes being overlooked ? », *The Guardian*, 21 mai 2020.

250 livres au Royaume-Uni et 500 dollars aux États-Unis. Le 21 mai, il n'y avait que 30 morts dans le pays (dont, hommage à lui, Pape Diouf) pour 15 millions d'habitants. Dès les premières alertes, le gouvernement a fermé les frontières et mis en place un plan complet de *tracking*.

De quoi, peut-être, faire perdre aux Occidentaux le sentiment de supériorité qu'ils ont du mal à ne pas éprouver face à l'Afrique ?

Victimes du Covid-19 à travers le monde au 4 juin 2020 *(selon Johns Hopkins Coronavirus Resource Center)*		
	Nombre de morts	Nombre de morts pour 100 000 habitants
États-Unis	107 175	32,76
France	29 024	43,33
Royaume-Uni	39 811	59,88
Espagne	27 128	58,06
Italie	33 601	55,60
Belgique	9 548	83,36
Afrique du Sud	792	1,37
Cameroun	200	0,79
Sénégal	45	0,28
Côte d'Ivoire	35	0,14
Mali	79	0,41

Il faut donc désoccidentaliser notre point de vue. Je pense, en fait, que les « occidentalistes », ceux qui considèrent que nous sommes supérieurs au reste du monde, affaiblissent en réalité le camp occidental comme ils l'ont fait en déclenchant la guerre d'Irak en 2003. Qui, aujourd'hui, ne reconnaît pas que cela a été une erreur tragique, y compris pour les Occidentaux ? Pour preuve, beaucoup des partisans les plus acharnés de cette guerre ont la mémoire qui flanche et nient y avoir été favorables. Mais que n'entendait-on pas en ces temps ! Ceux qui s'y opposaient étaient des amis ou des stipendiés des dictatures, des ennemis – dangereux – de la démocratie qu'il fallait, par mesure de salubrité publique, réduire au silence.

Les Occidentaux, dans leur intérêt même, doivent donc cesser de regarder de haut le reste du monde. Il est temps de le regarder à hauteur d'homme. Notre sentiment de supériorité n'est plus seulement insupportable pour les autres, il est dangereux pour nous, car il nous conduit à commettre des erreurs regrettables et coûteuses.

Chapitre 3

La Chine a-t-elle gagné ?

La Chine, où est née la crise, n'en est-elle pas finalement la grande gagnante ? Le Covid-19, loin d'être le « Tchernobyl chinois » annoncé par certains, n'est-il pas un accélérateur de sa montée en puissance ? Va-t-elle imposer son modèle ?

Jean-Pierre Cabestan, sinologue de premier plan et enseignant à l'université baptiste de Hong Kong, rappelle opportunément que le mot « crise », en chinois, est fait de deux caractères : « danger » et « opportunité[1] ». Rien n'illustre mieux cela que la façon dont Pékin a géré la crise du Covid-19.

---

1. Jean-Pierre Cabestan, « China battle with coronavirus », *Al Jazeera Center for Studies*, avril 2020.

Lorsque la crise du SRAS éclatait en 2003, la Chine impressionnait déjà le monde par son développement économique entamé dans les années 1980 avec les réformes de Deng Xiaoping. Mais elle ne représente alors que 4 % du PIB mondial. Certains avaient émis l'hypothèse, en éprouvant une certaine satisfaction, que cette crise qui l'avait mise à l'arrêt allait briser son insolente courbe de croissance, et que la Chine allait durablement rester en panne. La crise du SRAS prouvait, à leurs yeux, le caractère factice de la puissance chinoise. Les réussites mises en avant n'étaient que des trompe-l'œil qui ne devaient pas masquer sa profonde arriération. Pour eux, un tel régime politique, qui venait de prouver son échec avec la gestion du SRAS, ne pouvait conduire le pays à un véritable développement, et encore moins à rattraper les États-Unis.

Lorsque la crise du Covid-19 éclatait au début de l'année 2020, la Chine représentait 17 % du PIB mondial, démentant les sombres prédictions émises lors de la crise précédente. Mais tous ceux qui s'inquiétaient de sa montée en puissance éprouvaient alors une joie mauvaise à prédire de nouveau le « début de la fin » de la dynamique chinoise. Certains évoquaient ainsi, la mine plus gourmande que contrite, un « Tchernobyl chinois[1] », une catastrophe majeure qui, à nouveau, avait l'immense avantage de montrer les fragilités d'une puissance aux pieds d'argile et de permettre d'entrevoir, si ce n'est un effondrement de type

---

1. Il est significatif que les adversaires de la Chine fassent la comparaison avec Tchernobyl et non avec Fukushima, autre catastrophe nucléaire majeure, la catastrophe de Tchernobyl ayant eu lieu sur le territoire ukrainien du temps de l'URSS, alors principal adversaire du monde occidental.

« URSS » pour la Chine, du moins, un coup d'arrêt. De nouveau, des experts voyaient dans la gestion de la crise sanitaire et son caractère opaque et autoritaire la mise en échec du régime. Ils risquent d'être de nouveau démentis par la réalité, dont ils tiennent moins compte que de leurs *a priori* idéologiques… Même les non-léninistes devraient savoir que les faits ont la tête dure !

Damned ! Le monde allait rapidement réaliser que la panne de croissance de la Chine allait se répercuter sur l'ensemble des pays, y compris sur ses rivaux japonais et américain, du fait de l'importance de l'économie chinoise et des interdépendances entre les économies de ces pays. Autre déconvenue : la Chine annonçait très rapidement, après avoir pris des mesures drastiques, qu'elle avait vaincu la pandémie. Pékin semblait vouloir en profiter pour s'offrir une victoire diplomatique, en donnant l'image d'un pays bienveillant, prêt à aider les autres.

Non seulement le Covid-19 n'a pas vaincu la Chine, mais celle-ci semble au contraire sortir victorieuse de cet épisode et entend bien poursuivre sa marche en avant vers la première place mondiale. Cela suscite l'effroi et même parfois la panique aux États-Unis, abasourdis de voir Pékin leur ravir une suprématie planétaire qu'ils estiment être leur. Mais cela suscite aussi beaucoup de remous et d'anxiété en Europe occidentale, où certains voient dans la montée en puissance actuelle de la Chine la combinaison du « Péril jaune » et de la menace communiste, boostés par de véritables performances économiques et, depuis peu, par une offensive diplomatique tous azimuts. « N'est-il pas indécent et abusif que la Chine bénéficie finalement d'une crise qui est née chez elle et qui s'est répandue plus facilement dans le monde parce qu'elle a menti, au départ, sur la réalité du problème sanitaire ? Et ses mensonges sont intrinsèquement liés à la nature dictatoriale du régime », s'interrogent-ils publiquement.

Le déni initial

« Un communiste doit être toujours prêt à défendre la vérité, car toute vérité s'accorde avec les intérêts du peuple. Il sera toujours prêt à corriger ses fautes, car toute faute va à l'encontre des intérêts du peuple », écrivait Mao Zedong dans *Le Petit Livre rouge* (p. 332). Rien ne nous oblige à le croire – et nul ne serait prêt à jurer que Mao ou les dirigeants chinois actuels défendent, en toutes circonstances et aussi ardemment, la vérité.

Si on refait l'historique de la crise, il apparaît en effet que les dirigeants chinois ont été initialement dans le déni et que, de surcroît, ils ont fait taire et même réprimé les lanceurs d'alerte. Leurs motivations sont claires : avouer que ce type de maladie pouvait à nouveau survenir en Chine aurait constitué la preuve que les leçons du SRAS n'avaient pas été tirées, ou que la Chine avait encore des poches de sous-développement – ce que les dirigeants mettent d'ailleurs eux-mêmes en avant pour s'exonérer de certaines obligations commerciales, mais qu'ils n'aiment pas voir apparaître si cela souligne la fragilité du pays aux yeux du monde. Surtout, cela aurait témoigné de l'incapacité des dirigeants à contrôler la situation. Or, la stabilité et le contrôle de toute situation constituent un objectif sacrosaint pour les dirigeants chinois.

« Les craintes et les ambitions sont inséparables. Ceci explique pourquoi le parti communiste chinois est obsédé par le contrôle à la fois interne et externe. Les leaders du parti estiment qu'il y a une étroite fenêtre d'opportunité stratégique pour augmenter leur domination et modifier l'ordre international à leur avantage avant que leur économie ne ralentisse, que leurs populations ne vieillissent et que les autres pays ne réalisent que le parti poursuit sa régénération nationale à leurs dépens[1] », affirme le très anti-chinois McMaster, qui fut en 2017 et 2018 conseiller national à la sécurité de Donald Trump. Mais son analyse est un constat qui peut être largement partagé, au-delà de la volonté idéologique d'en découdre.

Comme dans tous les régimes autoritaires – en fait, pas seulement –, les autorités locales ont préféré dissimuler la situation de peur d'en être tenues pour responsables par l'échelon central. Un temps précieux a donc été perdu. Mais si on regarde les choses lucidement, les dirigeants chinois ont-ils été les seuls à ne pas admettre la réalité de la crise dans un premier temps ? Le déni semble avoir été très largement partagé, quelle que soit la nature du régime, comme on a pu le constater aux États-Unis ou au Royaume-Uni, deux modèles de démocraties.

Le 4 mars 2019, Gao Fu, directeur chinois du Centre de contrôle et de prévention des maladies, estime « qu'il y aura à l'avenir d'autres virus comparables au SRAS mais qu'il n'y aura plus d'épidémie comparable[2]. »

---

1. HR McMaster, *The Atlantic*, mai 2020.
2. Frédéric Lemaitre, « Entre dissimulation et lenteur, l'échec du système d'alerte chinois », *Le Monde*, 7 avril 2020.

Pourtant, le 30 décembre 2019, il découvre qu'à Wuhan, des médecins commencent à discuter d'une pneumonie d'origine inconnue. Ai Fen, directrice du département des Urgences de l'hôpital de Wuhan, observe certains cas et alerte les médecins de son département, entourant en rouge l'expression « Coronavirus – SRAS ». Le même jour, la Commission de la santé de la ville lui envoie un message : « Il ne faut pas diffuser cette information au public. Si panique il y a, il faudra trouver le responsable[1]. » Le 31 décembre, la Chine prévient l'OMS. L'organisation ne déclarera l'existence d'un nouveau coronavirus que dix jours plus tard.

Le 1er janvier, Ai Fen a compris que la transmission entre humains ne fait plus de doute et ordonne à ses équipes de porter un masque. Le 2 janvier, elle est de nouveau sermonnée et on lui demande de ne pas parler de cette pneumonie, y compris dans son cercle familial.

Durant la première quinzaine de janvier, les médecins n'ont pas la parole. Seules les autorités régionales valident les cas suspects.

Et Ai Fen n'est pas la seule à avoir alerté. Le 30 décembre 2019, confronté à plusieurs cas de « pneumonie », le médecin Li Wengliang alerte ses collègues *via* la messagerie WeChat, en faisant un rapprochement avec le SRAS et en évoquant les dangers éventuels de ce nouveau virus. Bien sûr, le message se répand sur les réseaux sociaux dès le 1er janvier. Le médecin est arrêté aux côtés d'Ai Fen et tous deux sont accusés de « propagation de fausses rumeurs » et de « perturbations graves de l'ordre social ». Sous la contrainte, ils signent le PV.

____

1. *Ibid.*

Lorsque Pékin identifie le virus, le 7 janvier, le docteur Li, qui s'exprime régulièrement sur le réseau social Weibo – l'équivalent de Twitter en Chine –, va incarner le lanceur d'alerte face au virus. Le 31 décembre, la Corée du Sud interdisait les vols à partir de Wuhan ; Taïwan faisait de même le 3 janvier.

Le 11 janvier, la Chine annonce le premier décès dû au Covid-19. Il n'y a, officiellement, que 41 cas confirmés. Le 12 janvier, le docteur Li rend public le fait qu'il est atteint du Covid-19, qu'il a contracté en soignant ses patients.

Le 14 janvier, lors d'une visioconférence avec les responsables sanitaires provinciaux, le responsable de la commission sanitaire nationale, Ma Xiaowei, lance une alerte en disant que « la situation épidémique est toujours grave et complexe, c'est le plus grand défi depuis le SRAS et il est susceptible de se transformer en un événement de santé publique majeur[1] ». La transmission humaine avait été jugée possible. La commission envoyait un document aux responsables provinciaux demandant d'identifier les cas suspects mais de ne pas les dévoiler publiquement et de ne pas répandre ces données sur Internet. 40 000 familles participent au banquet du Nouvel An lunaire à Wuhan, le 18 janvier. Ce n'est que le 20 janvier que Xi Jinping s'exprime sur le Covid-19, jugeant qu'il doit être pris au sérieux. Pékin admet alors que le virus est transmissible par l'homme. Pourquoi ce silence pendant six jours ? Pour ne pas créer la panique avant le Nouvel An lunaire ?

---

1. François Bougon, « Les silences coupables de la Chine », *Mediapart*, 16 avril 2020.

Le confinement de Wuhan sera annoncé le 22 janvier pour être effectif le 23. Entre-temps, 5 millions de personnes ont quitté la ville. Le 28, les huit lanceurs d'alerte sont réhabilités. Un juge de la Cour suprême de Pékin publie le jour même un article indiquant qu'il aurait été une bonne chose, pour contrôler le nouveau coronavirus, que le public ait suivi la formation délivrée par les huit médecins et commence à porter des masques fin janvier. Le docteur Li publie sur les réseaux sociaux une photo de son procès-verbal avec, pour commentaire : « La vérité est plus forte que la justice. » Il va mourir le 6 février, à trente-quatre ans, suscitant une immense émotion dans le pays et un déferlement de soutien sur les réseaux sociaux.

Dans le même temps, le 21 janvier, un premier cas en provenance de Chine est déclaré à Seattle, aux États-Unis. Le 30 janvier, l'Italie déclare avoir deux touristes chinois atteints par le Covid-19 sur son territoire. Le 11 mars, l'OMS déclare que le Covid-19 peut être qualifié de « pandémie » et annonce, le 13, que l'Europe est désormais l'épicentre de celle-ci. La veille, plusieurs pays européens avaient fermé leurs frontières.

Un mois après le début du confinement à Wuhan, la Chine annonce, le 25 février, avoir franchi le pic de l'épidémie sur son sol, ce qui lui permet de lever le confinement dans le pays et, à Wuhan, le 8 avril (entre temps, l'ensemble de la province du Hubei avait été confinée, avec une interdiction totale de sortir de chez soi). Pour beaucoup, le nombre de décès semble sous-évalué. Toujours la crainte d'être jugé négativement, que les mauvaises nouvelles entrainent une remise en cause du pouvoir à l'intérieur et une dépréciation de l'image du pays et du régime à l'extérieur.

À l'Assemblée nationale populaire, le 20 mai, le Premier ministre Li Keqiang admettait « plusieurs maillons faibles qui sont apparus dans la gestion du système d'urgence de la santé publique », et que la population « avait exprimé ses opinions et suggestions qui méritaient notre attention[1] ».

Mais le fait que la Chine ait triché sur le nombre de décès dus au Covid-19 n'est pas le plus grave. C'est avant tout un problème entre le régime et la population. Ce qui est plus grave, ce sont les accusations concernant la responsabilité de la Chine dans l'exportation de la pandémie à travers le monde, du fait de ses dissimulations initiales. Certains iront jusqu'à l'accuser de l'avoir répandue sciemment et volontairement. Les plus graves accusations à ce sujet viennent de Donald Trump et de ses alliés britanniques et australiens. Elles sont clairement motivées politiquement, jamais étayées réellement.

Les dirigeants européens ont également été critiques à l'égard de Pékin, mais de façon plus mesurée, en demandant plus de transparence aux autorités chinoises. Leurs déclarations constituaient certainement une réponse à l'offensive diplomatique chinoise, jugée arrogante et déplacée, sur la « diplomatie du masque », et les leçons données par la Chine aux Occidentaux.

---

1. *The New York Times*, 21 mai 2020.

Totalitaire ou autoritaire?

Si le régime avait été dans le déni total en 2003, il n'en a pas été de même en 2020. Il y a eu un indéniable retard à l'allumage, mais ensuite, la gravité de la situation a été reconnue. Il était difficile, pour ne pas dire impossible, de faire autrement. En termes d'image internationale, les mensonges de 2003 avaient coûté cher. Il ne fallait pas recommencer. Les dirigeants chinois ont compris qu'il est impossible de cacher une telle pandémie au monde entier. Par ailleurs, ce qui change également, c'est qu'il y a aujourd'hui plus de 800 millions d'internautes en Chine. Bien sûr, Internet et les réseaux sociaux y sont censurés et surveillés. Bien sûr, il n'est pas conseillé d'y critiquer le régime, et encore moins de souhaiter son renversement. Mais les citoyens peuvent s'exprimer. Ils le font d'autant plus sur deux sujets majeurs, et qui vont de pair : la santé et l'environnement. La lutte contre la corruption est également un sujet débattu. Il y a 180 000 manifestations chaque année en Chine. Elle n'est plus le pays totalitaire des années Mao – une époque, d'ailleurs, où certains des critiques les plus virulents sur la Chine d'aujourd'hui proclamaient leur admiration du Grand Timonier. Dans le cadre de la crise du Covid-19, le pouvoir a quand même subi des critiques. Cela montre que, si la Chine n'est évidemment pas une démocratie, elle n'a plus rien à voir avec la Chine totalitaire de Mao, dans laquelle le simple fait de ne pas brandir assez vigoureusement le *Petit Livre rouge* représentait une réelle prise de risque. À l'époque, d'ailleurs, tout pouvait être problème.

Certes, le développement des réseaux sociaux et d'Internet n'a pas amené la Chine à se démocratiser « à l'occidentale ». Mais les puissances occidentales n'ont-elles pas commis la même erreur avec Pékin qu'avec Moscou? En 1991, elles ont cru que le démantèlement de l'Union soviétique et du communisme allait faire, des Russes, des Occidentaux. Ils sont pourtant bien restés russes. Les Chinois sont également restés chinois. Ils ont, certes, imité les méthodes du capitalisme, en développant à leur manière des technologies inventées aux États-Unis, mais ils ont d'abord fait prévaloir leurs intérêts et ne veulent surtout pas apparaître comme les adjoints les plus efficaces et méritants des États-Unis.

En février 2020, Xi Jinping a été remis en cause en Chine. Les réseaux sociaux débordaient de messages interrogeant les statistiques officielles. Plusieurs acteurs de la société civile, le professeur de la Tsinghua University Xu Zhangrun, l'entrepreneur Ren Zhiqiang et l'activiste Xu Zhiyong dénonçaient la crise de gouvernance provoquée par l'opacité du Parti communiste chinois, la censure et la concentration des pouvoirs autour de Xi[1]. Ils ont été rapidement contraints au silence, mais cela témoigne d'une certaine libération de la parole en Chine, notamment sur les réseaux sociaux.

L'histoire de Fang Fang illustre parfaitement les innombrables entraves au débat en Chine et l'existence, néanmoins, de certains espaces d'expression. Fang Fang a publié en ligne, au cours des mois de février et mars 2020, son journal de quarantaine depuis la ville de Wuhan, première ville touchée par l'épidémie, où elle était confinée. Ses écrits authentiques, sincères et

---

1. Jean-Pierre Cabestan, « China battle with coronavirus », *Al Jazeera Center for Studies*, avril 2020.

émouvants l'ont transformée en vedette. Elle témoignait, sur les réseaux sociaux et notamment sur Weibo, des difficultés de la vie quotidienne, partageait des anecdotes envoyées par des médecins, des amis ou des voisins. Relativement à ces informations, elle demandait des comptes aux officiels. Ses écrits étaient censurés mais souvent reproduits avant la censure. Fang Fang était, en fait, le pseudonyme de Wang Fang, une romancière de soixante-quatre ans très connue, suivie par 4 millions de personnes sur Weibo.

Alors qu'un jeune homme de seize ans l'attaquait sur les réseaux sociaux pour avoir mis en cause la Chine, elle lui répondait que cela lui rappelait l'époque de la révolution culturelle prolétarienne, lorsque des jeunes maoïstes dénonçaient, frappaient voire, même, tuaient leurs aînés. Elle répondait également se souvenir que, lorsqu'elle avait seize ans, la vie était beaucoup plus dure. Nombre de ses *followers* s'enthousiasmaient d'un tel discours. Lorsqu'on annonça que son journal de quarantaine allait être traduit et publié aux États-Unis et en Allemagne, les choses s'envenimèrent et le hashtag #FangFangJournal devint viral. La plupart des commentaires étaient hostiles. Elle était accusée de vouloir s'enrichir sur le dos des victimes chinoises (officiellement, 3 900 décès à Wuhan), alors qu'elle avait annoncé sa volonté de redistribuer ses droits d'auteur. Elle était également, et surtout, accusée de donner des armes aux ennemis de la Chine. Sa collaboration avec des éditeurs étrangers, et notamment américains, rendait furieux le public, qui considérait que Fang Fang idéalisait de façon naïve l'Occident et, ainsi, servait la propagande anti-chinoise. Des millions de personnes demandaient la restriction de sa liberté d'expression si celle-ci devait servir la propagande occidentale[1].

Du temps de Mao, un tel journal n'aurait pas pu être tenu, ni publié à l'étranger. Non seulement la liberté, mais la survie de son auteur auraient été en danger. La liberté d'expression est limitée et entravée en Chine, à la fois par le pouvoir et par l'ultranationalisme de la population. Jouer sur la fibre patriotique pour défendre le régime est payant. Les critiques de l'étranger ne sont pas vues comme des remarques constructives destinées à améliorer la situation, mais comme le refus, notamment des Occidentaux, d'admettre la montée en puissance de la Chine. Le souvenir des humiliations de la seconde partie du XIXe siècle et de la première moitié du XXe siècle sont vivaces. Il est, bien évidemment, instrumentalisé par le régime, mais on ne peut pas, comme le font trop de commentateurs, le balayer d'un revers de la main[2]. C'est contre-productif. Cela flatte souvent les auditoires occidentaux, mais révulse dans le même temps de nombreux Chinois.

La « diplomatie du masque »

Xi Jinping déclarait lors du XIXe Congrès du PCC, en octobre 2017 : « Nous allons améliorer notre capacité à nous engager dans la communication internationale afin de rapporter de belles histoires sur la Chine, présenter

---

1. L'ouvrage de Fang Fang paraîtra en France chez Stock, au mois de septembre 2020, sous le titre *Wuhan, ville close*.
2. Comme cela est fait de la même façon, et avec la même contre-productivité, dans la négation des humiliations de la Russie durant les années 1990.

une vision réelle, multidimensionnelle et globale de la Chine, et renforcer le *soft power* culturel du pays[1]. »

Les Chinois sont conscients qu'en matière de *soft power*, ils ont un retard considérable sur les États-Unis. Ils s'appliquent à le combler et veulent, même si cela est plus difficile qu'en matière économique, opérer également un rattrapage en ce domaine. La crise du Covid-19 va leur en donner l'occasion.

De malade de la crise du Covid-19, la Chine va s'en présenter comme le médecin universel, prêt à venir au secours des autres populations. On la croyait à terre, elle s'est non seulement relevée rapidement mais compte bien faire de la crise du Covid-19 une étape supplémentaire dans sa quête de la première place mondiale. Elle veut convertir un drame en arme.

Les ambitions à plus long terme, s'agissant de la diplomatie sanitaire de la Chine, ont été exposées bien avant l'apparition du Covid-19, dans le plan « Healthy China 2030 », qui contient un volet intérieur mais aussi l'objectif de « promouvoir activement la coopération internationale dans le domaine de la santé […]. Sur la base de mécanismes de coopération bilatérale, des modèles de coopération innovants seront utilisés pour renforcer les échanges et promouvoir la coopération sanitaire entre la Chine et les pays situés le long de l'initiative "Une Ceinture, une Route" », comme défini par le plan triennal du Parti communiste chinois (PCC).

---

1. Cité par Jean-Pierre Raffarin dans *Chine, le grand paradoxe*, Michel Lafon, 2019 (p. 98).

En 2017, Xi Jinping signait un protocole d'accord avec l'OMS dans l'objectif d'établir une sous-catégorie du projet des routes de la Soie[1] liée à la santé. Cela correspondait à l'idée de faire de la Chine une puissance profondément bienveillante. Quelques semaines plus tard, la Chine utilisait tous ses leviers diplomatiques pour s'assurer de l'élection, à la tête de l'OMS, de l'Éthiopien Tedros Adhanom Ghebreyesus, face au Britannique David Nabarro et à la Pakistanaise Sania Nishtar.

Le 26 mars 2020, lors de la réunion par téléconférence du sommet du G20, Xi Jinping proposait de partager l'expérience de la Chine dans le combat contre le Covid-19 et de coopérer dans la recherche d'un vaccin. Il mettait ainsi en avant l'engagement de la Chine pour le concept de communauté et la perspective d'un futur partagé pour l'humanité, qui aurait toujours été l'objectif de la Chine et qui aurait été renforcé par l'épidémie. À partir de là, Pékin va déployer une politique tous azimuts d'aide bien orchestrée et, surtout, largement portée à la connaissance du public. La « diplomatie du masque » a été conçue comme un élément de *soft power* de la Chine, destiné à aider sa montée en puissance grâce à la fabrication d'une image positive et marquer des points face à ses rivaux, États-Unis en tête. La Chine n'est-elle pas en train de gagner une bataille dans la guerre globale contre le Covid-19, tout au moins la bataille de la communication ?

---

1. Gigantesque programme lancé par Xi Jinping en 2013. Il propose à plus d'une soixantaine de pays de les aider à construire des infrastructures (routes, ports, voies ferrées, etc.) pour soutenir leur développement. Cela permet à Pékin de sécuriser ses approvisionnements et exportations, tout en étendant son influence à travers le monde.

Aujourd'hui, la Chine communique sur le fait que la pandémie est vaincue, et le pays apparaît comme un modèle d'aide et de multilatéralisme dans la gestion de la crise. Elle développe la notion « d'aide chinoise pour un avenir partagé ». Elle envoie du matériel médical un peu partout dans le monde. Ces gestes d'aide font l'objet d'une importante campagne de communication. Et cela passe également par les entreprises et fondations chinoises.

Il est clair que Pékin va fortement communiquer à l'occasion du Covid-19, en associant protection sanitaire et routes de la Soie. En mars, des avions d'Ethiopian Airlines acheminent dans la capitale éthiopienne Addis-Abeba, siège de l'Union africaine, 5 millions de masques et un million de tests qui doivent être distribués par l'Union africaine dans les 54 pays membres. « Bien en évidence sous les flashs de Xinhua (Chine Nouvelle), l'agence de presse officielle, le matériel déchargé affiche la double estampille "Jack Ma Foundation" et "Alibaba Foundation"[1]. »

Jack Ma a pris sa retraite d'Alibaba en septembre 2019 pour s'occuper à temps plein de la Alibaba Foundation. On ne peut résister à faire le parallèle avec Bill Gates. Il représente une image plus ouverte, plus désintéressée que l'aide officielle de la Chine. Il n'emploie pas le langage confrontatif des autorités chinoises mais, au contraire, celui d'une coopération sincère : « Aujourd'hui, c'est comme si nous vivions tous dans la même forêt en feu. Membres de la communauté mondiale, nous serions

---

1. *Le Monde*, 12 avril 2020.

irresponsables de rester spectateurs, de paniquer, d'igno-rer la réalité, de ne pas agir[1]. »

« La mise en avant d'une personnalité telle que Jack Ma est en soi assez éloquente, signe d'une volonté d'abriter le PCC derrière une étoile du néocapitalisme chinois[2]. » La fondation Alibaba a envoyé des tests, des kits de pro-tection et des respirateurs à chacun des 54 pays africains.

Huawei a envoyé de l'aide aux pays qui avaient admis sa technologie 5G, notamment le Canada et les Pays-Bas. L'entreprise chinoise, considérée par les États-Unis comme une menace pour leur sécurité, a envoyé 500 000 masques, 50 000 paires de lunettes de protection, 30 000 blouses et 120 000 paires de gants à des hôpitaux de New York.

« L'aide chinoise est globalement faible en termes de valeur, mais elle est très importante en termes de narratif et quant à la manière dont elle est reçue par les Africains », selon Thierry Pairault, spécialiste de la Chine au CNRS[3] et à l'EHESS[4].

Selon Antoine Bondaz, la Chine a proposé des équi-pements de protection et d'assistance médicale à plus de quatre-vingt pays. « Elle s'inscrit dans une stratégie chinoise initiée depuis plusieurs années, visant à utiliser pleinement la diplomatie sanitaire comme un outil d'influence[5]. » Les Chinois ont compris que la question des soins avait

---

1. *Courrier international*, 30 avril 2020 – *Quartz* New York.
2. *Le Monde*, 12 avril 2020.
3. Centre national de recherche scientifique.
4. École des hautes études en sciences sociales.
5. Antoine Bondaz, « « Route de la Soie de la santé » : comment la Chine entend profiter de la pandémie pour promouvoir sa diplomatie sanitaire », FRS, 26 mars 2020.

un impact public énorme. Une aide médicale, surtout en période de crise, est visible par chacun. La diplomatie sanitaire doit leur permettre de mieux faire passer les objectifs politiques. Mais peut-on reprocher à la Chine de mettre en scène sa coopération et son assistance ? N'est-ce pas le cas de tout État, de mettre en valeur sa générosité ? Cela peut bien sûr être fait avec plus ou moins de subtilité.

La secrétaire d'État française aux Affaires européennes s'est indignée lors de l'émission « Questions politiques » de France Inter, *Le Monde* et France Télévisions, le 29 mars 2020 : « C'est parfois plus simple de faire la propagande, des belles images et parfois d'instrumentaliser ce qui se passe », en évoquant la Chine et la Russie « qui mettent en scène des choses ». Elle ajoute : « La Chine et la Russie ne doivent pas instrumentaliser l'aide qu'elles apportent à d'autres dans la crise sanitaire du Covid-19. […] La solidarité, ça ne s'instrumentalise pas. » Mais qu'aurait-on dit si un ministre chinois avait fait faire une collecte de masques dans toutes les écoles de Chine, pour en débarquer lui-même un sac dans un pays africain devant les caméras du monde entier ? Vous remplacez « masques » par « sacs de riz » et vous avez ce qu'a fait Bernard Kouchner en Somalie, en 1991. La classe politique française, à l'époque, n'avait pas manifesté son indignation devant une telle propagande, mais son admiration pour une telle générosité.

Un *hubris* chinois ?

La Chine n'en a-t-elle pas fait un peu trop ? Est-ce que trop de communication tue la communication ?

L'instrumentalisation de l'aide est-elle si visible que son caractère désintéressé est rapidement englouti par les appétits stratégiques mal dissimulés ?

Le 21 mars, un train partait de la ville chinoise de Yiwu pour emmener à Madrid, à 13 000 kilomètres de là, outre une cargaison commerciale, 110 000 masques et 800 équipements de protection, don d'une entreprise étatique chinoise. Les médias chinois parlaient d'un nouveau tournant dans la construction d'une « route de la Soie de la santé ». Mais, en réalité, le total des dons avait une valeur de 50 000 €. Les médias chinois insistent sur le fait que la bataille contre le Covid-19 montre la supériorité du régime socialiste chinois dans sa capacité unique pour mobiliser les personnes et les ressources[1]. Avant que le train parti de Chine n'arrive en Espagne, celle-ci avait acheté, au prix du marché, des équipements représentant dix mille fois l'équivalent de cet envoi par train.

Deng Xiaoping avait théorisé : « Cachez votre force, prenez votre temps. » Xi Jinping veut affirmer la première place de la Chine au niveau international, et la crise du Covid-19 semble être pour lui une occasion supplémentaire (définitive ?) de le faire. On peut, par conséquent, se demander si la Chine ne tombe pas dans le même travers qu'elle reproche aux Occidentaux en général et aux Américains en particulier : l'arrogance et l'*hubris*. Lors du XIXe Congrès du Parti communiste, en 2017, Xi Jinping déclarait : « La Chine est désormais devenue une grande puissance dans le monde. Il est temps pour nous d'occuper une place centrale sur la scène mondiale. »

---

1. *The Economist*, 18 avril 2020.

Le 14 avril, *Global Times* publiait un article de Fabio Massimos, professeur à Florence mais aussi rattaché à un think tank de Canton, se demandant s'il n'y avait pas une nouvelle approche de la globalisation, avec des caractéristiques chinoises, qui était en train d'émerger. Au lieu de promouvoir la libéralisation et la privatisation, cette approche chinoise demande plus d'interconnexions entre les États, notamment à travers l'investissement sur les aires pauvres. Cet article, comme il s'en publie des centaines dans différentes revues, par ailleurs écrit par quelqu'un qui n'avait pas de responsabilités officielles, allait être décrit dans certains médias occidentaux comme « l'aveu » de la volonté chinoise de dominer le monde grâce au Covid-19.

La nouvelle responsable du département de la formation du ministère des Affaires étrangères, Hua Chunying, s'était plainte du manque de combativité parmi les diplomates chinois pour défendre le discours narratif de leur pays. Zhao Tong, du Carnegie-Tsinghua Center for Global Policy, estime qu'avec la bénédiction du plus haut niveau, il est devenu à la mode pour les diplomates chinois de se transformer en « Wolf Warriors », pour reprendre le titre d'un film qui a incarné une sorte de Rambo chinois. Mais certains se demandent si cette stratégie agressive ne peut pas devenir contre-productive[1].

Shi Zhan, le directeur du Centre de politique mondiale à l'université des Affaires étrangères (l'école de formation des diplomates chinois) a mis en garde : « Cette diplomatie du loup combattant n'est pas durable et risque

---

1. *South China Morning Post,* 12 avril 2020.

de nous isoler[1]. » Au passage, on peut imaginer que, si le directeur de l'ENA faisait une telle mise en garde sur la conduite de la communication du Quai d'Orsay, il aurait quelques problèmes. L'agence Reuters dévoilait, début mai 2020, qu'un rapport interne destiné aux leaders chinois les avertissait que le sentiment antichinois, du fait de la campagne américaine, était aussi fort qu'au moment de Tien An Men[2]. Cet avertissement peut néanmoins sembler exagérément alarmiste.

Alors que Twitter et Facebook sont bloqués en Chine, les ambassadeurs chinois à l'étranger utilisent largement ces moyens pour valoriser les réalisations de la Chine dans la coopération internationale. Le 22 avril, l'ambassade de Chine en France publiait sur son compte Twitter : « Le secret de la victoire de la Chine sur l'épidémie de coronavirus se trouve dans le mot "CHINA", à savoir "Care, Help, Immediately, New technology, Altogether". » Le 15 avril, l'ambassadeur de Chine à Paris était convoqué au Quai d'Orsay. Il lui était reproché d'avoir indiqué dans un communiqué que les autorités taïwanaises, soutenues par quatre-vingts parlementaires français dans une déclaration cosignée, ont utilisé le mot « nègre » pour s'en prendre au directeur de l'OMS. Il ajoutait : « Je ne comprends toujours pas ce qui a pu passer par la tête de tous ces élus français. »

Dans le même ordre d'idées, on peut se demander s'il est vraiment habile en termes de communication pour la firme Huawei de porter plainte contre la chercheuse française Valérie Niquet. Cette dernière tient un discours

---

1. *Le Monde*, 4 mai 2020.
2. *The Economist*, 9 mai 2020.

très antichinois, mais c'est le principe du débat d'idées. L'image d'une multinationale faisant un procès à une chercheuse ne peut qu'être perçue négativement par le monde de la recherche.

Des réactions internationales contrastées

En Europe

La réaction des pays européens n'était pas unanime dans la critique. Le Premier ministre espagnol, Pedro Sanchez, a même déclaré qu'il s'inspirerait des méthodes de la Chine pour contenir le virus.

Deux pays qui estimaient, pour des raisons différentes, n'avoir pas reçu suffisamment de solidarité de l'Union européenne, l'un membre actuel et l'autre candidat, allaient également célébrer les efforts chinois. Luigi di Maio, le ministre des Affaires étrangères italien, publiait ainsi une vidéo sur Facebook saluant l'aide apportée par Pékin, ne tarissant pas d'éloges sur la Chine et la félicitant pour son esprit de solidarité. En Serbie, le président Vučić déclarait à la télévision : « La solidarité européenne n'existe pas, c'est seulement un conte de fées écrit sur le papier, le seul pays à véritablement pouvoir nous aider est la Chine. »

Josep Borrell, haut représentant européen pour les Affaires extérieures, parlait de « confrontation globale de récits », et accusait la Chine de promouvoir et de diffuser de façon agressive de fausses informations.

Emmanuel Macron regrettait, de son côté, que personne n'ait parlé des deux millions de masques envoyés par la France et l'Allemagne en Italie, ainsi que des tonnes d'équipements sanitaires. De même, le public chinois avait été assez peu informé de l'aide européenne envoyée vers la Chine, au tout début de la crise. La Commission européenne soulignait en effet qu'à elle deux, la France et l'Allemagne avaient fait plus de dons de masques à l'Italie que la Chine.

Le président français affirmait par ailleurs que la crise avait été aggravée par la dissimulation d'informations cruciales par les responsables du Parti communiste chinois. Le 20 avril, il estimait qu'il y avait manifestement « des choses qui se sont passées, qu'on ne sait pas », ajoutant qu'il serait naïf de dire que la gestion de la crise en Chine était meilleure que celle d'autres pays, et qu'il « est faux de dire que les démocraties gèrent moins bien la crise car la transparence, la circulation libre de l'information sont au contraire un atout considérable pour être plus efficace[1] ».

Angela Merkel, le 20 avril également, demandait à la Chine plus de transparence concernant le début de l'épidémie : « Plus la Chine rend compte de manière transparente, mieux ce sera pour tout le monde sur cette planète. »

Au Royaume-Uni, une source proche du gouvernement avait déclaré au *Daily Mail* : « Une campagne de désinformation dégoûtante est en cours et elle est inacceptable. Les Chinois savent qu'ils se trompent et ils répandent des mensonges. »

Le 16 avril, Vladimir Poutine qualifiait de contre-productives les accusations visant Pékin et saluait les

---

1. Interview au *Financial Times,* 20 avril 2020.

« actions cohérentes et efficaces des Chinois, qui ont permis de stabiliser la situation épidémiologique dans le pays ». Mais ce soutien de la part de Moscou est la moindre des choses.

L'OMS n'a jamais repris ces accusations, mais il lui sera reproché d'être « inféodée » à la Chine. Bill Gates, très investi sur le sujet, dont on ne voit pas réellement pour quel motif il serait soumis à la Chine et qu'il semble difficile de présenter comme un « *panda kisser*[1] », déclarait : « Nous avons réalisé la séquence de ce virus en un temps record. Les Chinois ont rendu toutes les données accessibles. Tout ce qu'ils avaient, ils l'ont donné[2]. »

Un sondage réalisé par la télévision italienne, demandant quel pays les Italiens préféraient en dehors de l'Europe, révélait que 36 % préféraient la Chine et 30 % les États-Unis[3].

En Afrique

Il y a un million de Chinois établis en Afrique et plusieurs dizaines de milliers d'Africains établis en Chine. Alors que les Chinois, et plus largement les Asiatiques, avaient souffert de préjugés et d'actes racistes au début du déclenchement de l'épidémie, ce sont désormais les Africains vivant en Chine qui vivent des discriminations. En avril, des Africains ont été expulsés d'un immeuble où ils habitaient par des voisins craignant d'être contaminés.

---

1. « Embrasseur de panda », surnom péjoratif donné par les tenants d'une ligne dure à l'égard de la Chine à ceux qui prônent la coopération avec celle-ci.
2. *Le Figaro*, 29 avril 2020.
3. *The Economist*, 18 avril 2020.

Un restaurant de Canton affichait un panneau « Interdit aux Africains ». Drôle de message, alors que les Chinois rappellent régulièrement, dans leurs récriminations à l'égard des Occidentaux, le souvenir des panneaux « Interdit aux chiens et aux Chinois », lorsque Shanghai était une concession britannique. Ces gestes viennent en grande partie détruire la politique de communication de la Chine à l'égard des pays africains.

Les ambassadeurs africains en poste à Pékin ont écrit une lettre au ministère des Affaires étrangères pour condamner « le harcèlement et l'humiliation persistants des ressortissants africains ». Ils déclarent: « La différenciation des Africains en ce qui concerne les tests obligatoires et la quarantaine, à notre avis, n'a aucune base scientifique ou logique et équivaut à du racisme envers les Africains en Chine. »

En Afrique, la Chine bénéficie de l'absence des États-Unis et de la colère suscitée par les propos de Donald Trump sur les « *shithole countries* » et le sort réservé aux Noirs. L'affaire George Floyd, cet Afro-Américain dont le meurtre par un policier à Minneapolis montrait la permanence du racisme anti-Noirs et allait susciter des protestations et des émeutes aux États-Unis, n'arrangerait rien. Mais il n'y a pas d'engouement pour la Chine. Les Africains ont été choqués par les actes racistes contre les Noirs en Chine. Les grands travaux d'infrastructures réalisés en Afrique par la Chine sont appréciés, mais on reproche aux Chinois de les réaliser avec de la main-d'œuvre chinoise. Tout simplement, les Africains ne sont pas dupes. Ils savent très bien – et n'ont pas besoin que les Occidentaux le leur rappellent – que la Chine, en Afrique, poursuit ses intérêts. Que le discours « tiers-mondiste » de Pékin est tout autant un écran de fumée masquant leurs intérêts que celui des Occidentaux à propos de la démocratie.

En Amérique latine

En Amérique latine, le rapport de force entre les États-Unis et la Chine n'a guère été modifié par le Covid-19. Il n'y a pas eu de gestion latino-américaine de cette crise, du fait du délitement de toute forme de coordination régionale. La Chine a, bien sûr, confirmé son ancrage fort dans les pays amis (Venezuela, Cuba, Nicaragua) mais elle a aussi élargi son cercle d'influence à des pays qui n'ont pas de liens idéologiques avec elle. C'est le cas notamment de l'Argentine où, il est vrai, le nouveau président veut prendre ses distances avec les États-Unis, mais c'est également le cas de la Colombie ou du Pérou, pourtant fidèles partenaires de Washington en Amérique du Sud.

En fait, la crise vérifie l'importance de la Chine dans l'ensemble de la région, au-delà des affinités géopolitiques. Ce sont désormais deux parrains ou deux « tuteurs » qui se concurrencent en Amérique latine, là où les États-Unis avaient un quasi-monopole et où la Chine était absente il y a encore peu de temps. Il y a donc bien une nette montée en puissance de cette dernière. Le mouvement lui profite ; le Covid-19 n'en est qu'un révélateur supplémentaire. Les États-Unis ont été particulièrement absents pendant la crise ; ils se sont signalés de façon négative en refusant de lever les sanctions contre le Venezuela, prenant le risque d'une expansion plus forte de la pandémie. Cela ne pouvait qu'effrayer les pays de la région, conscients que le Covid-19 ne connaît pas de frontières et qu'ils seraient au premier rang pour en subir les conséquences. La crainte de l'effondrement du régime suscite par ailleurs la crainte d'une immigration encore plus massive que celle que les pays de la région connaissent déjà, en partance du Venezuela.

Soumis aux pressions de Trump pour cesser leurs relations économiques avec la Chine ou fermer la porte à Huawei, les gouvernements latino-américains, même conservateurs et bien disposés à l'égard de Washington, n'ont pas donné suite. La Chine est très souvent leur premier partenaire commercial. Pour l'achat de matériel médical, ils n'avaient pas d'alternative : c'était la Chine, ou rien.

Au Moyen-Orient

La Chine, comme la Russie mais contrairement aux pays occidentaux, a de bonnes relations avec l'ensemble des pays du Moyen-Orient, de l'Iran à Israël en passant par l'Arabie saoudite, le Qatar ou l'Égypte. 40 % de son pétrole vient de la région.

Là aussi, la « diplomatie du masque » est spectaculairement mise en scène. Le drapeau chinois a même été projeté sur les monuments emblématiques du Caire et de la vallée du Nil. Selon Jean-Pierre Filiu, « la crise sanitaire permet à la Chine de supplanter la Russie comme principal bénéficiaire du désengagement américain au Moyen-Orient[1]. »

---

1. Jean-Pierre Filiu, « Grandes manœuvres de coronavirus, pour la Chine au Moyen-Orient », blog *Le Monde,* 10 mai 2020.

Les ambitions technologiques chinoises, qui semblaient compromises au déclenchement de la crise du Covid-19, ont au contraire été réaffirmées. La 5G est au cœur de la bataille géopolitique entre Pékin et Washington pour le contrôle de la technologie mondiale. Au-delà des programmes de transport et d'énergie dans le cadre des routes de la Soie, il y a également des projets numériques dont l'infrastructure, « moins visible et moins perturbante pour les communautés locales », permettra aux entreprises chinoises de s'intégrer plus facilement dans les États où elle souhaite s'implanter. Ces projets sont par ailleurs moins coûteux et plus faciles à réaliser que les projets plus lourds de transport d'énergie. La crise du Covid-19 donne un espace aux entreprises technologiques chinoises pour présenter leurs programmes et leurs produits, dans le cadre de la réponse à l'épidémie et à la prévention de futures épidémies potentielles[1].

---

1. Jude Blanchette, Jonathan Hillman, « China's digital silk road after coronavirus », CSIS, 13 avril.

Chapitre 4

La superpuissance erratique

Le seul horizon pour Donald Trump, dans la crise du Covid-19, n'a été ni sanitaire, ni diplomatique, mais celui de sa réélection en novembre 2020.

Donald Trump nous a habitués aux allers-retours spectaculaires sur le même sujet, aux contradictions époustouflantes, aux mensonges hallucinants, au triomphe des apparences sur la réalité, à la démagogie la plus crasse, qui ne l'empêchent en rien d'obtenir des triomphes populaires. Il sait à merveille occuper l'espace médiatique. Il ne peut que révulser non seulement les progressistes mais aussi, tout simplement, les rationalistes. Cependant, force est de reconnaître qu'il sait capter le soutien de partisans nombreux et décidés. Cela peut certainement susciter un gouffre de réflexions et d'interrogations, mais c'est une réalité à laquelle il faut bien se confronter. Le système politique américain était autrefois très sensible à la question du respect et de la vérité, bien plus que le système français. Depuis Donald Trump, on sait que le mensonge peut payer. La crise du Covid-19 lui a donné l'occasion de se surpasser.

Cette crise est venue contrecarrer ses plans. Si sa conception et ses projets pour l'avenir du pays, ou concernant les équilibres mondiaux, n'ont pas été modifiés, son obsession majeure, c'est-à-dire sa réélection en novembre 2020, pourrait être compromise. Il comptait triompher grâce à la bonne santé économique du pays dont il s'attribue entièrement les mérites : une bourse au plus haut, un taux de chômage au plus bas. Bien sûr, cette situation florissante est loin d'être entièrement de son fait. Si les États-Unis ont connu la plus longue période de croissance de leur histoire, c'est bien que cette croissance a pris ses sources il y a longtemps, notamment grâce au plan de relance d'Obama en 2009-2010. Donald Trump, par ailleurs, est assez peu responsable du fait que les États-Unis aient presque triplé leurs capacités de production pétrolière entre 2010 et aujourd'hui, passant de 4 à 13 millions de barils pour devenir le premier producteur mondial, doublant l'Arabie saoudite et la Russie. Pas plus qu'il ne l'est des performances « *king size* » des GAFAM[1]. L'impact des baisses spectaculaires d'impôts pour la relance peut lui être attribué mais il est passager et, surtout, porteur de difficultés ultérieures. Mais peu importe. Ce qui compte, à ses yeux, ce sont

---

1. Google, Apple, Facebook, Amazon, Microsoft.

les apparences et l'immédiateté. Donald Trump pensait pouvoir se présenter devant les électeurs en novembre 2020 en triomphant d'un « je vous l'avais promis, c'est fait ! *America is great again* ».

Patatras, la crise du Covid-19 est passée par là. Les bourses se sont effondrées, le chômage a explosé et la situation sociale, dans un pays où les filets de sécurité n'existent pas, s'est très fortement dégradée.

Par ailleurs, la gestion sanitaire par la présidence, entre déni, refus des réalités scientifiques, déclarations fantaisistes et gestion surréaliste, va coûter cher, au-delà de la situation économique et sociale. Dès fin avril, le virus avait déjà fait plus de 60 000 morts, dépassant de façon très symbolique le nombre de morts dus à la guerre du Viêtnam[1], souvenir historique cuisant encore très présent, marquant la faiblesse et l'humiliation des États-Unis. Si on y ajoute l'image des fosses communes de New York et le fait que le virus a, proportionnellement, davantage frappé la communauté noire que les autres Américains, l'heure devrait plutôt être à une profonde introspection qu'à des déclarations triomphales.

Mais la situation n'est bien sûr pas suffisamment grave pour amener Donald Trump à faire profil bas. Ce n'est pas le genre de la maison. Au contraire, plus la situation empire, plus son instinct le pousse au triomphalisme. À défaut de travailler à changer la réalité, il se démène à modifier les perceptions. Il a ainsi surmultiplié ses interventions, trouvant des boucs émissaires nécessairement

---

1. Le 27 mai, le nombre de décès liés au Covid-19 aux États-Unis dépassait le cap des 100 000 – de loin le plus lourd bilan à travers le monde.

étrangers (Chine, OMS), en profitant pour suspendre toute immigration (ce qui satisfait ses électeurs) et allant jusqu'à retarder l'envoi des chèques destinés aux Américains – suite à l'immense plan de soutien décidé par le Congrès – afin de pouvoir y apposer sa signature.

Donald Trump n'a pas géré la crise d'un point de vue sanitaire mais d'un point de vue purement politique avec, pour seule et unique préoccupation, les élections présidentielles de novembre 2020.

Quel bonheur d'avoir un gendre !

Après la démission du président Jules Grévy (1887), du fait d'un trafic de décorations auquel s'était livré son gendre, les chansonniers, caricaturistes et journaux français s'étaient régalés sur le thème « Quel malheur d'avoir un gendre ! » Celui de Donald Trump, Jared Kushner, ne lui amène rien de bon. Mais le président américain continue, sans pénalité, de lui faire une confiance aveugle.

Face à la pandémie, comme pour le reste, Donald Trump va faire confiance non pas aux institutions américaines, ni aux scientifiques américains, ni même à son gouvernement, mais bien à sa « garde rapprochée ». Il gère le pays comme il a géré la Trump Company, une société familiale sans conseil d'administration. Il n'y a, dès lors, aucun contre-pouvoir.

Il a confié la gestion de la crise du Covid-19 à son gendre Jared Kushner, qui avait déjà magnifiquement échoué peu avant, avec son « deal du siècle » censé apporter la paix entre Israéliens et Palestiniens. Lui confier deux missions aussi importantes, alors qu'il n'a ni expérience, ni qualifications pour aucune d'entre elles, montre la conception très personnelle et familiale que le président américain a de la gestion de l'État. Même en France, ou le népotisme reste fort, on ne pourrait pousser le bouchon aussi loin. Sans surprise, la gestion du dossier par Kushner, marquée par le copinage et l'amateurisme, est venue gêner les institutions normalement en charge de telles crises, comme la Federal Emergency Management Agency[1].

« Contrairement à ce que déclare le président américain, le risque pandémique figure depuis longtemps parmi les principales menaces définies par les services de renseignement américains. Mais même les meilleurs analystes du pays n'auraient pu prévoir qu'une telle pandémie aurait lieu sous la présidence d'un homme prêt à sacrifier tant de vies sur l'autel de son ego. » Ce constat sans appel est celui de Kent Harrington, ancien analyste de la CIA[2]. Il rappelle que tant les alertes du directeur du renseignement national (DNI) que le rapport « Global Trends » publié au début du mandat de Donald Trump par le Conseil national pour l'intelligence, qui soulevaient, l'un et l'autre, le risque pandémique pesant sur la sécurité des États-Unis, ont été ignorés par le président Trump. De quoi contredire ses déclarations décrivant la pandémie comme « inattendue » » ou « sortie de nulle part ».

Un conseiller à la Maison Blanche avait averti clairement des officiels de l'administration Trump, en janvier, que le Covid-19 pourrait coûter aux États-Unis des

---

1. *The New York Times*, « How Kushner's volunteer force led a fumbling hunt for medical supplies », 5 mai 2020.
2. « Ces espions qui avaient prédit le Covid-19 », 16 avril 2020, Project Syndicate.

milliards de dollars et mettre la vie de millions d'Américains en danger.

Peter Navarro, conseiller pour le commerce du président Trump, avait fait circuler à la Maison Blanche une note datée du 29 janvier, soulignant que l'absence de protection, de vaccins ou de traitement pourrait laisser les Américains sans défense en cas de d'éclosion généralisée du Covid-19 sur le territoire américain[1].

En 2018, Donald Trump avait par ailleurs démantelé l'unité de lutte contre les pandémies du Conseil de sécurité américain. En juillet 2019, le poste de l'agent américain de santé publique basé à Pékin, dont le rôle était justement de détecter les pandémies en Chine, avait aussi été supprimé[2].

Chronique d'un menteur multirécidiviste

Mais malgré cela, Donald Trump va ignorer superbement les avertissements. Admettons qu'il ne sera pas le seul dirigeant à manquer de vigilance et à être initialement dans le déni face à la pandémie. Mais il va le faire, comme toujours, dans l'excès.

La première déclaration de Donald Trump sur le Covid-19 date du 22 janvier 2020. Interrogé sur le fait de savoir s'il était inquiet face à la pandémie, il répondait : « Non, pas du tout, nous contrôlons totalement la situation. Il n'y a qu'une seule personne infectée, venue de Chine. » Le 30 janvier, alors que l'OMS déclarait que le Covid-19 constituait une urgence internationale de santé

---

1. *The New York Times*, 7 avril 2020.
2. *The Huffington Post*, 29 mars 2020.

publique, Donald Trump répétait que tout était sous contrôle : « On a très peu de problèmes ici, nous n'avons que cinq cas et tout le monde se rétablit. » Le 31 janvier, il annonçait la fermeture des frontières avec la Chine.

Le 10 février, le président américain estimait que la pandémie devrait s'en aller avec la chaleur, en avril. Tout au long du mois de février, il soutient la thèse d'une supercherie concernant le Covid-19. Le 26 février, il annonce que quinze personnes ont été testées positives aux États-Unis, tout en estimant : « Nous avons vraiment fait du bon travail. » Il pense que tout sera rentré dans l'ordre au bout de quelques jours. Le 28 février, dans un meeting de campagne à Charleston, il affirme que le Covid-19 n'est que « le nouveau canular » du parti démocrate.

Le 4 mars, il déclare que les chiffres de l'OMS sont faux ; celle-ci annonçait un taux de mortalité de 3,4 %. Son « intuition » lui fait dire que le vrai taux est « bien en dessous des 1 % ». Le 11 mars, il déclare : « Aucune nation n'est plus préparée et plus résiliente que les États-Unis », mais il décide d'interdire aux Européens l'entrée sur le territoire américain, sans consulter ni même prévenir ces derniers. Le 13 mars, il déclare l'état d'urgence, débloque 50 milliards de dollars pour lutter contre l'épidémie et défend sa décision de fermer la frontière aux voyages en provenance d'Europe : « L'OMS a confirmé aujourd'hui ce que nous disions, et que l'Europe était une zone dangereuse. » Le 17 mars, il déclare : « J'ai toujours su que c'était une pandémie, je l'ai bien senti avant qu'on l'appelle une pandémie. » On ne peut que rester pantois face à un tel toupet ! Le lendemain, il évoque même un « temps de guerre ». Le 23 mars, il justifie la décision de ne pas bloquer le pays, parce que les conséquences seraient plus graves : « Nous ne pouvons pas laisser le remède être pire que le problème lui-même. » Le 24 mars, il espère voir tout le monde remis au travail pour Pâques, en estimant que ça serait « génial » d'avoir toutes les églises pleines. Mais, le 4 avril, il déclarait que le pays entrait dans une période « vraiment horrible ».

Alors que les États-Unis sont devenus le principal foyer de l'épidémie, Donald Trump n'hésite pas à appeler à la révolte contre le confinement ses compatriotes de certains États où la gouvernance démocrate avait décrété cette mesure : « Libérez le Minnesota ! », « Libérez le Michigan ! », « Libérez la Virginie ! » Autant de tweets ravageurs, propres à radicaliser des esprits déjà échaudés. Surtout lorsqu'il accompagne de tels appels d'une autre injonction : « Et sauvez votre formidable deuxième amendement. Il est assiégé ! » Il s'agit de l'amendement de la Constitution américaine qui autorise le port d'arme. Dans une période de tension particulière, dans un pays où les tueries de masse sont fréquentes et plus coûteuses en vies – mais mieux admises socialement – que le terrorisme, il y a de quoi conduire des esprits faibles mais fortement armés à des actes extrêmes.

Dans une conférence de presse du 24 avril, Donald Trump se surpasse en suggérant l'injection de désinfectant dans les poumons des patients atteints par le Covid-19 : « Le désinfectant neutralise le virus en une minute. Une minute ! N'y a-t-il pas quelque chose à faire avec une injection, une sorte de nettoyage ? » Donald Trump n'a pas de qualification particulière en médecine, mais il a tellement confiance en son intuition qu'il est capable de sortir publiquement une telle énormité. Mais il n'est pas le cousin un peu dérangé qui dit souvent n'importe quoi, il est POTUS[1] ! (L'homme le plus puissant du monde !)

Dans les jours suivants, des incidents ont été signalés, concernant des personnes ayant visiblement en Trump une confiance mal placée, puisque certains Américains ont ingurgité des produits désinfectants après avoir entendu les propos de leur président.

Citius, altius, fortius, il suggérait dans la foulée de tester « une lumière à ultraviolet ou juste une lumière très puissante pour la faire pénétrer à l'intérieur du corps ». Comme les médias avaient eu le mauvais goût de tourner en dérision les conseils du « docteur Trump », il tweetait rageusement, le 27 avril : « Il n'y a jamais eu dans l'histoire de notre pays des médias aussi méchants et hostiles que ceux que nous avons aujourd'hui même, au milieu d'un état d'urgence nationale, pour faire face à l'ennemi invisible. »

Et, bien sûr, il refuse systématiquement et de façon militante de porter un masque. Les ennuis de son ami également « coronavirus-sceptique », Boris Johnson, pourtant plus jeune que lui, ne l'ont même pas ébranlé.

Lui qui s'était prononcé contre le confinement, en appelant quasiment à la révolte contre des gouverneurs qui l'avaient imposé dans leurs États, twittait le 29 avril que la Suède payait cher sa décision de ne pas confiner sa population, puisqu'à ce jour 2 462 personnes y étaient mortes du Covid-19, et que les États-Unis avaient pris la bonne décision.

---

1. President Of The United States.

Sur *Fox News*, Jared Kushner, le gendre de Donald Trump, déclarait le 29 avril : « Le gouvernement fédéral a relevé le défi et c'est une grande *success story*. » Le *New York Times* commentait, le lendemain : « La Maison Blanche continue de servir une histoire révisionniste de la pandémie dans laquelle l'action de monsieur Trump et son équipe n'a pas été tardive et inadéquate mais audacieuse et efficace. »

Le 8 mai, dans une conversation enregistrée avec ses anciens collaborateurs et qui a fuité (sans doute intentionnellement), Barack Obama, qui se retient habituellement de porter des jugements publics sur son successeur, qualifiait la gestion de l'épidémie par Donald Trump de « désastre chaotique absolu ». L'actuel occupant de la Maison Blanche répliquait en accusant l'« État profond[1] » qui vise à saboter sa présidence par des enquêtes le visant. Il parlait d'un « Obamagate » de nature à faire passer le Watergate pour une petite histoire[2].

Le 17 mai, Donald Trump déclarait, en aparté d'une conférence de presse, qu'il prenait de la chloroquine à titre préventif. Les autorités scientifiques du pays avaient lancé une alerte contre ce type de traitement. Une fois

---

1. *Deep State* désigne la bureaucratie au sein de l'État qui peut s'opposer de façon occulte au pouvoir politique. La formule peut donner lieu à des interprétations complotistes mais également correspondre à une réalité, la bureaucratie pouvant vouloir freiner le pouvoir politique, estimant ce dernier « de passage » et même incompétent, alors qu'elle se vit elle-même comme permanente et plus qualifiée.

2. Peu avant, le département de la Justice avait, de façon surprenante, abandonné les poursuites contre Michael Flynn, proche de Donald Trump, qui avait pourtant reconnu avoir menti au FBI dans l'enquête sur l'ingérence russe dans l'élection présidentielle américaine de 2016. B. Obama avait qualifié cet abandon de « menace contre l'État de droit ».

de plus, il s'agissait pour lui de se démarquer des scientifiques, des institutions. Nancy Pelosi, leader de l'opposition démocrate, faisait remarquer que ce type de traitement était encore plus dangereux pour les personnes atteintes d'obésité. Le niveau du débat ne montait pas vraiment.

Sur Times Square a été mise en place une « Trump Death Clock », censée indiquer le nombre de morts qu'a causé l'inepte gestion du Covid-19 par le Président. Fin mai, elle indiquait 60 262[1]. Et encore, le fait que certains gouverneurs d'État se soient opposés au Président et aient pris des mesures différentes a limité le nombre de morts. Ceci étant, rapporté au nombre d'habitants, le bilan aux États-Unis reste moins lourd qu'en Europe.

L'enfer, c'est les autres

Dans la continuité de son action, pour détourner l'attention du public et des électeurs, Donald Trump va toujours trouver un bouc émissaire, de préférence étranger, faisant ainsi « coup double ». Lesdits électeurs sont toujours prompts à considérer les institutions internationales et la Chine comme deux dangers pour les États-Unis ; alors, feu sur l'OMS et sur Pékin ! Et si la pandémie peut lui permettre de régler ses comptes avec l'Iran et le Venezuela, autant en profiter.

Le 6 mai, il comparait le Covid-19 à Pearl Harbor et au 11 Septembre. En termes de choc subi pour les États-Unis, la comparaison peut paraître pertinente. Mais ce qui est en cause, dans l'esprit de Donald Trump, ce

---

1. *The Economist*, 30 mai 2020.

n'est pas l'ampleur du choc mais bien son origine. Pearl Harbor et le 11 Septembre sont non seulement des catastrophes pour les États-Unis, mais surtout, elles sont le fait d'un ennemi étranger. Il renouvelle d'ailleurs à cette occasion l'accusation adressée à la Chine de n'avoir pas arrêté le virus à la source et, donc, d'être responsable de la situation vécue par les États-Unis (*cf.* chapitre 5).

Le 7 avril, il tweetait : « L'OMS s'est vraiment plantée, étrangement ils sont largement financés par les États-Unis et pourtant très centrés sur la Chine. Nous allons nous pencher avec attention sur le dossier. » Donald Trump déclarait vouloir geler les fonds destinés à l'OMS.

De même, au mépris de toute règle sanitaire, et malgré de nombreuses demandes de ne pas agir ainsi, il a maintenu les sanctions contre les régimes honnis du Venezuela et de l'Iran, durement touchés par le virus, alors que les infrastructures de santé étaient gravement mises à mal par la gestion catastrophique des dirigeants à Téhéran comme à Caracas, mais aussi par les sanctions américaines. L'objectif de Donald Trump est d'avoir en main le scalp d'un de ces régimes pour le montrer triomphant, à ses électeurs en novembre 2020, et ainsi pouvoir se vanter d'avoir réussi là où ses prédécesseurs avaient échoué. Le risque que la pandémie se répande encore un peu plus, non seulement dans les pays concernés, mais bien sûr au-delà, ne l'effleure pas – ou, plutôt, ne l'arrête pas.

Lors de sa conférence du 1er avril consacrée au Covid-19, Donald Trump expliquait, à propos de la situation au Venezuela, que malgré la pandémie, « nous ne devons pas laisser les cartels de la drogue exploiter la pandémie pour menacer des vies américaines[1] ».

Dans la foulée, le US Southern Command, le commandement en charge de l'Amérique latine, parlait de « narco-terroristes ». Quelques jours auparavant, le département de la Justice américaine avait engagé des poursuites pour trafic de drogue contre Nicolas Maduro, et offrait une prime de 15 millions de dollars pour toute information menant à sa capture. Le parallèle avec Manuel Noriega[2] était établi. Cela permettait d'éviter toute véritable négociation et dialogue national ou médiation internationale pour trouver une issue à la crise vénézuélienne. Les États-Unis proposaient la levée des sanctions mais exigeaient au préalable le départ de Nicolas Maduro, celui des forces de sécurité étrangère et le démantèlement de l'appareil institutionnel vénézuélien. Le tout, au moment où de nombreuses voix s'élevaient pour demander la levée des sanctions, afin de permettre au Venezuela de lutter contre la crise du Covid-19.

Le 4 mai, une opération menée par un ex-militaire américain reconverti en mercenaire, qui avait pour objectif de renverser Nicolas Maduro, échouait lamentablement. N. Maduro pouvait triompher et faire un parallèle avec l'expédition de la baie des Cochons à Cuba en 1961, censée renverser Castro. S'il est douteux que la CIA ait commandité l'expédition vénézuélienne, comme le

---

1. Christophe Ventura, « États-Unis/Venezuela : confrontation en temps de pandémie », 6 avril 2020, site de l'IRIS.
2. Ancien dirigeant des forces de Défense du Panama, dirigeant de fait du pays, dans un premier temps soutenu par Washington avant d'être renversé et arrêté par les États-Unis en 1990.

prétend Maduro, il est certain que les services américains ne pouvaient pas ne pas être au courant de sa préparation sur leur territoire.

Le FMI allait rejeter une demande d'aide d'urgence de 5 milliards de dollars pour le Venezuela, mettant en avant le manque de clarification politique dans le pays (du fait de la concurrence de reconnaissance entre Maduro et son opposant président autoproclamé, Juan Guaido, reconnu par les États-Unis et la majorité des États latino-américains et de l'Union européenne). La Chine annonçait, de son côté, son intention de renforcer sa coopération avec le Venezuela.

En février, Donald Trump se déclarait prêt à aider l'Iran à endiguer l'épidémie qui s'y était déclarée. « La seule chose qu'ils doivent faire est de demander. » Exiger aussi ouvertement de se mettre ainsi en position de demandeur, étant donné la nature des relations entre les deux pays, équivaut à une fin de non-recevoir.

Le 23 mars, le président iranien répliquait que, si les États-Unis voulaient aider l'Iran, la meilleure façon de le faire était de lever les sanctions. Le guide suprême Ali Khamenei se montrait plus dur, qualifiant les dirigeants américains de « charlatans » car ils évoquaient une aide qu'ils n'étaient même pas en mesure de délivrer, étant donné qu'ils n'avaient pas les moyens de soigner leur propre population.

L'aide d'urgence de 5 milliards de dollars, sollicitée par Téhéran auprès du FMI, était alors bloquée par Washington (qui dispose, de fait, d'un droit de veto au sein de la structure). L'Union européenne accordait de son côté une aide d'urgence modeste (20 millions d'euros) mais qui allait à l'encontre du veto américain.

Même si, officiellement, les produits médicaux échappent à l'embargo, les banques refusent les transactions impliquant l'Iran, de peur des sanctions américaines. Si la pandémie se répand en Iran et au Venezuela, elle ne risque pas de s'arrêter à ces pays. Elle va automatiquement déborder chez leurs voisins. Certes, les régimes de ces deux pays ont de lourdes responsabilités dans les situations catastrophiques où ils se trouvent. Mais les sanctions américaines ont largement aggravé la situation. Le tour de vis supplémentaire donné par Donald Trump, également. Mais sa soif, pour des raisons électorales, de voir tomber ces deux régimes l'emporte sur toute précaution sanitaire ou humanitaire.

De même que, mis en difficulté pour sa gestion plus que chaotique de la crise sanitaire en interne, il va mettre la Chine en accusation pour détourner l'attention des électeurs américains sur une cible facile à viser, au risque de dégrader plus encore les relations sino-américaines.

Chapitre 5

Le duel Chine/États-Unis

*La crise du Covid-19 aurait pu conduire
les deux géants à coopérer face à une menace commune.
Elle a au contraire accru leur rivalité, à des niveaux
inégalés. Leur affrontement est-il inéluctable ?
Et qui peut en être le vainqueur ?*

La Chine a été au centre des préoccupations et des déclarations de Donald Trump dès la campagne électorale de 2016, qui allait le conduire à la Maison Blanche. Et, déjà, Donald Trump prenait des lunettes de politique intérieure pour scruter le monde. Il savait que le cœur de l'électorat qu'il visait, les hommes blancs en colère (*white angry men*) reprochaient à la Chine d'être la cause de la désindustrialisation des États-Unis et de leur déclassement social. Il martelait que la Chine avait pillé les

États-Unis. Il est vrai que le déficit commercial américain à l'égard de Pékin était monumental, bien que compensé en grande partie par l'achat de bons du trésor américain par la Chine.

**Évolution du déficit commercial américain
à l'égard de la Chine (1985-2020)[1]**

Années	Déficit commercial États-Unis vers Chine (en millions de $ US)
1985	-6
1990	-10 431
2000	-83 833
2010	-273 041,6
2015	-367 328,3
2016	-346 825,2
2017	-375 422,6
2018	-419 527,4
2019	-345 616,7

Il y a, en fait, une double dépendance sino-américaine. La Chine a besoin de l'accès au marché américain pour poursuivre sa croissance, source majeure de la légitimité du Parti communiste au pouvoir ; les Américains ont besoin des produits bon marché chinois pour maintenir leur soif inextinguible de consommation, bien supérieure désormais à leurs capacités de production.

---

1. Source : United States Census Bureau.

Les démocrates ne sont pas insensibles à la question chinoise. Barack Obama avait lancé le concept de « pivot asiatique » pour sa diplomatie, indiquant l'Asie de l'Est comme zone prioritaire où les États-Unis devaient concentrer leurs efforts. Il avait lancé le traité Transpacifique, un grand traité de libre-échange dont Pékin était exclu. Donald Trump dénoncera ensuite ce traité, dans sa politique générale de refus du multilatéralisme et de l'héritage d'Obama. Pratiquement tous les analystes estiment qu'il s'agit d'une erreur qui bénéficie à Pékin.

À peine élu et pas encore installé à la Maison Blanche, Donald Trump téléphonait à la présidente de Taïwan, suscitant à Pékin la crainte de voir remise en cause la politique d'une seule Chine[1]. Pour le nouveau président élu, il s'agissait de brandir un argument afin d'amener les Chinois à faire des efforts dans le domaine commercial. Il menaçait surtout de taxer les importations chinoises, ce qu'il allait faire pour à la fois réduire le déficit commercial et envoyer un message à son électorat : contrairement à ses prédécesseurs (« tous des incapables, surtout le dernier »), lui agissait et obtenait des résultats.

De nombreuses entreprises américaines, notamment dans la Silicon Valley, craignaient que l'augmentation des taxes ne vienne tout simplement réduire leur compétitivité, car cela allait augmenter leurs coûts d'approvisionnement. Boeing avait également peur de faire les frais de cette campagne si la Chine cessait de lui passer commande – le marché chinois représentant 20 % de ses ventes d'avions civils.

---

1. Taïwan n'est pas reconnu en tant qu'État car il fait partie du territoire chinois aux yeux de Pékin.

Alors que les droits de l'homme n'ont jamais été une préoccupation pour lui, Donald Trump mettait régulièrement cette question sur le tapis concernant la Chine, car il y voyait un moyen de la mettre sur la défensive. Après de nombreux épisodes de déclarations intempestives d'hostilité, suivies de réconciliations spectaculaires, Pékin et Washington trouvaient un accord en janvier 2020. À travers celui-ci, la Chine s'engageait notamment à acheter 200 milliards de produits aux Américains, en particulier des produits agricoles, pour la plus grande satisfaction des *farmers* – produits correspondant également aux énormes besoins alimentaires de la Chine, déficitaire sur ce plan. Le pays ne dispose en effet que de 8 % des terres cultivables de la planète, alors qu'elle représente 22 % de la population mondiale. Certaines voix s'interrogeaient sur la crédibilité d'un tel engagement, mais l'avantage pour Donald Trump était que les comptes ne seraient faits qu'après les élections de novembre 2020. C'est dans ce contexte qu'a éclaté la crise du Covid-19.

Des félicitations initiales aux accusations réciproques

Le Conseil de sécurité nationale américain a reçu les rapports dès début janvier, prédisant la propagation du virus dans les semaines à venir, pouvant conduire à maintenir les Américains chez eux et à fermer des villes de la taille de Chicago. Donald Trump tweetait alors : « L'ennemi invisible aura bientôt complètement disparu. »

Matthew Pottinger, un faucon concernant la Chine, conseiller national adjoint à la sécurité de l'administration

Trump qui avait travaillé comme correspondant du *Wall Street Journal* à Hong Kong durant l'épidémie de SRAS, a commencé mi-janvier à organiser des réunions sur le coronavirus en prévenant son patron, le conseiller national à la sécurité Robert O'Brien. Ils se sont heurtés aux conseillers économiques de Donald Trump, alors en pleine renégociation d'un accord commercial avec la Chine. Pottinger a développé l'idée que le virus aurait été créé accidentellement dans un laboratoire de Wuhan, et insistait pour que le gouvernement utilise le terme de « virus de Wuhan[1] ».

Si les limitations des vols en provenance de Chine ont été annoncées le 31 janvier, Donald Trump et une majorité de ses conseillers ne voulaient pas trop provoquer Pékin, notamment parce qu'ils savaient la dépendance lourde des États-Unis à l'égard de la Chine pour tous les équipements médicaux. Donald Trump venait également d'obtenir cet engagement de la Chine à acheter en masse des produits américains, solide argument à faire valoir dans la campagne électorale.

Donald Trump refusait donc les suggestions de M. Pottinger, allant jusqu'à faire l'éloge du travail de Xi Jinping. Il déclarait sur Twitter, le 24 janvier : « La Chine travaille très dur pour contenir le coronavirus. Les États-Unis apprécient grandement ses efforts et sa transparence. Tout fonctionne bien. Au nom du peuple américain, je tiens à remercier le président Xi. »

En mars 2020, le porte-parole du ministère chinois des Affaires étrangères, Zhao Lijian, reprenait une rumeur

---

1. *The New York Times*, 11 avril 2020.

selon laquelle le virus aurait été importé en Chine par les États-Unis lors des Jeux mondiaux militaires de Hubei. Il publiait le 13 mars, sur son compte Twitter : « L'armée américaine pourrait avoir apporté l'épidémie à Wuhan. Soyez transparents ! Les États-Unis nous doivent une explication ! »

Le 16 mars, Donald Trump tweetait en annonçant que les États-Unis allaient soutenir de toutes leurs forces les industries comme les compagnies aériennes et autres, qui étaient particulièrement affectées par le « virus chinois ». Le 14 avril, il déclarait : « Si l'OMS avait fait son travail en envoyant des experts médicaux en Chine pour évaluer objectivement la situation sur le terrain et dénoncer le manque de transparence de la Chine, l'épidémie aurait pu être contenue à sa source avec très peu de morts. »

Le lendemain, Mike Pompeo, sur Fox News, renforce l'offensive présidentielle en déclarant : « L'absence d'information partagée en temps utile n'a pas seulement mis les Américains en danger, mais aussi les personnes du monde entier. »

La Chine : un sujet de politique intérieure

Donald Trump allait faire de la mise en accusation de la Chine un argument électoral, accusant Joe Biden d'être trop mou à l'égard de Pékin. La relation sino-américaine n'était plus un sujet diplomatique primordial : elle était réduite au statut d'argument majeur de la campagne électorale. Dans une lettre de collecte de fonds, Donald Trump déclarait : « Je suis dur avec la Chine, et *Sleepy* Joe Biden est faible avec elle. » Le samedi 18 avril, il tweetait :

« La Chine veut tellement que *Sleepy* Joe Biden soit à la hauteur ; ils veulent récupérer tous les milliards de dollars qu'ils ont versés aux États-Unis, et bien plus encore. Joe est une cible facile, leur candidat rêvé. » Donald Trump faisait ainsi de la relation sino-américaine, qui devrait être sa préoccupation stratégique centrale, une affaire de politique intérieure, accusant son adversaire Joe Biden de faiblesse, pour ne pas dire de collusion avec Pékin. C'est faux, car la stratégie de Donald Trump à l'égard de la Chine est la seule de ses politiques qui soit soutenue de façon bipartisane. Le financier George Soros, qui a dépensé des milliards pour empêcher l'élection de Donald Trump, a été jusqu'à déclarer : « La plus grande – et peut-être la seule – réussite en politique étrangère de l'administration Trump a été le développement d'une politique cohérente et réellement bipartisane à l'égard de la Chine de Xi Jinping[1]. »

Un slogan souvent entendu est : « To stop China, you have to stop Biden. » Le 13 mai, l'équipe de Donald Trump envoyait un courriel de campagne intitulé « How to stop Beijing Biden ». Ce qui, logiquement, devrait conduire le candidat démocrate à faire de la surenchère anti-Pékin pour se démarquer et, donc, à durcir la confrontation entre les deux pays, alors que celle-ci ne devrait rien avoir d'inéluctable. Pour des considérations de politique intérieure, Donald Trump prend donc un virage diplomatique d'importance majeure, et pas dans la bonne direction.

---

1. Cité par Mahbubani, *op. cit.*, p. 2.

Le 23 avril, la Chine annonçait qu'elle allait apporter un financement supplémentaire de 30 millions de dollars à l'OMS. Elle s'est ainsi engouffrée dans le boulevard laissé vacant par les États-Unis. Magnifique opération de communication : les « méchants » États-Unis coupent les crédits, la bienveillante Chine vient au secours de l'organisation internationale.

Il ne fallait pas être grand clerc pour prévoir un tel scénario. Erreur magistrale de Donald Trump ? Oui, si on se fonde sur l'influence que pourraient exercer les États-Unis au sein de l'OMS et sur l'état de l'opinion internationale. Mais cela n'est en rien le souci de Donald Trump. En coupant les crédits à l'OMS, il n'entendait pas y modifier les rapports de force. Il s'adressait avant tout à ses électeurs, hostiles par principe aux institutions internationales, surtout si elles ont pour mission d'aider le reste du monde – ce qui, dans leur esprit, ne peut se faire qu'à leur propre détriment. Donald Trump a ainsi agi pour des considérations de politique intérieure. Xi Jinping s'adresse, quant à lui, à l'opinion publique internationale. Pékin et Washington semblent se disputer la même cible, mais ce n'est pas le cas. Reste qu'au niveau international, la victoire – par abandon de Washington – revient à Pékin.

Le 27 avril, Donald Trump menaçait de présenter la « facture » de la crise sanitaire à la Chine, puisqu'elle en était responsable. L'État du Missouri s'était, lui, porté partie civile contre la Chine. Un sénateur républicain, Josh Hanley, a déposé un projet de loi permettant aux citoyens de poursuivre la Chine pour les dommages causés par le Covid-19. Le Premier ministre australien Scott Morrison, proche allié de Donald Trump, demandait quant à lui une enquête internationale sur les responsabilités de la Chine dans le déclenchement de la crise. Le 30 avril, dans son point de presse, Donald Trump affirmait qu'il avait la preuve que la Chine avait intentionnellement provoqué la pandémie de Covid-19, pour engendrer une crise économique aux États-Unis et faire élire Joe Biden, toujours censé être beaucoup plus accommodant avec elle. Il donnait crédit à la thèse supposant que le Covid-19 se serait « échappé » d'un laboratoire, tandis que Mike Pompeo déclarait encore plus directement en avoir la preuve, sans pourtant l'apporter – et pour cause, car elle n'existe pas. Au même moment, une note des services américains fuitait, indiquant que l'on pouvait totalement exclure le fait que le virus soit né dans un laboratoire de Wuhan, que l'origine animale était l'hypothèse majeure et que, quoi qu'il en soit, le déclenchement était accidentel. Une nouvelle fois, Donald Trump se détachait de tout lien avec la réalité, prenant à témoin ses électeurs et traitant de sujets majeurs, la relation sino-américaine et la crise du Covid-19, avec une grille de lecture seulement électorale.

Selon le Pew Research Center, aux États-Unis, la part d'opinion défavorable à la Chine était passée de 43 % à 66 %. Dès lors, le « *China bashing* » ne peut apparaître que très rentable électoralement.

De son côté, la chaîne chinoise CCTV présentait Mike Pompeo comme l'ancien directeur de la CIA ce qui, dans l'esprit de beaucoup de Chinois, signifie « qui complote contre la Chine », l'accusant de propager des mensonges et de la diffamation et d'être un « ennemi de l'humanité[1] ».

---

1. *Le Monde,* 5 mai 2020.

Le 13 mai, dans un communiqué commun, le FBI et la Cybersecurity and Infrastructure Security Agency accusait des pirates informatiques liés au régime chinois d'essayer de pirater les organismes américains travaillant sur le vaccin et le traitement contre le Covid-19.

Pour couronner le tout, les deux pays imposaient des restrictions réciproques aux journalistes de l'autre nationalité, la Chine allant même, à la mi-mars, jusqu'à expulser les correspondants du *New York Times*, du *Washington Post* et du *Wall Street Journal*.

Bill Gates prenait alors des positions très nettement en désaccord avec Donald Trump, indiquant que la Chine était le fournisseur le plus fiable pour les besoins médicaux, les pays occidentaux ayant un temps de retard : « Si je suis au dernier stade du cancer, je ne vais pas me demander si la pilule que je prends vient d'un pays dont le système politique me déplaît[1]. »

Le piège de Thucydide

L'un des géostratèges les plus fameux des États-Unis, Graham Allison, publiait en 2018 un livre au titre choc, *Destined to war*[2], pour analyser la relation sino-américaine. Il y développait le concept de « piège de Thucydide ». Que vient faire l'historien des guerres du Péloponnèse dans la relation entre Pékin et Washington ?

Graham Allison compare la situation actuelle à l'évolution de la relation entre Sparte et Athènes à cette époque. Sparte, ne pouvant accepter la montée en

---

1. *Le Figaro*, 29 avril 2020.
2. Publié en français sous le titre *Vers la guerre*, chez Odile Jacob (2019).

puissance d'Athènes ni la perspective d'être dépassée par Sparte, s'était lancée dans une guerre qu'elle a gagnée, mais qui l'a affaiblie. Que se passe-t-il quand la puissance numéro un voit surgir une puissance numéro deux qui gagne du terrain et qui s'apprête à lui ravir le leadership, qu'il soit régional ou global ? La comparaison historique de Graham Allison ne prête guère à l'optimisme. Sur les seize cas de dépassement étudiés, douze ont donné lieu à des affrontements. Faut-il se rassurer en constatant l'interpénétration des économies américaine et chinoise ? Du temps de la guerre froide, il n'y avait pratiquement aucune relation économique entre l'Union soviétique et les États-Unis. Mais, avant la Première Guerre mondiale, l'Allemagne était déjà le premier partenaire de l'Angleterre et vice versa. La montée en puissance de l'Allemagne, qui allait dépasser l'Angleterre, fut l'une des causes majeures de la Première Guerre mondiale, souligne Allison.

Dans trois cas sur quatre, quand la guerre a été évitée lorsque des configurations similaires se présentaient, il s'agissait d'une compétition dans le même monde : lorsque l'Espagne a dépassé le Portugal au XVIe siècle ; les États-Unis, la Grande-Bretagne au XXe siècle ; puis lorsque l'Allemagne a dépassé le Royaume-Uni et la France au sein de l'ensemble européen, après la réunification. Mais il y a un exemple plus rassurant : en effet, c'est parce que l'Union soviétique était en phase de rattrapage sur les États-Unis, dans les années 1960 et au début des années 1970, que Nixon et Kissinger ont lancé leur politique de détente qui s'est traduite par les accords SALT, signés le 26 mai 1972. L'URSS était alors en voie de parvenir à la parité stratégique que le traité allait lui reconnaître, et les États-Unis, affaiblis par la guerre du Viêtnam, estimaient nécessaire de limiter les points de confrontation avec Moscou. Or, Trump donne plutôt le sentiment de vouloir multiplier les querelles avec Pékin.

Steve Chan, dans un livre ultérieur[1], fait la réponse la plus argumentée à G. Allison. Il développe l'idée que la Chine est devenue plus supportrice de l'ordre international au fur et à mesure qu'elle acquiert une plus grande stature mondiale et qu'elle gagne en intégration dans la communauté globale. La seule fois où la Chine a combattu les États-Unis, c'était en position d'extrême faiblesse, immédiatement après la création du régime, au moment de la guerre de Corée. Aujourd'hui, la Chine ne remet pas en cause le système international. Or, selon S. Chan, ce sont les puissances révisionnistes qui peuvent déclencher le conflit.

L'autre cas de déclenchement d'un conflit entre le numéro un et le numéro deux intervient au moment où ce dernier estime qu'une fenêtre d'opportunité (celle du rattrapage) est en train de se fermer. Il est alors possible de se lancer dans un conflit même si le rapport de force n'est pas favorable, car il le sera encore moins à l'avenir. Toutefois, la Chine n'a aucune raison d'éprouver une telle crainte. Elle peut, au contraire, estimer que le rapport de force continue de progresser en sa faveur. L'inquiétude peut plutôt venir des États-Unis. Le fait que les deux pays n'aient pas de frontière commune est un facteur de limitation d'un conflit potentiel, mais ne permet pas de l'exclure totalement pour autant.

---

1. Steve Chan, *Thucydide's trap ?*, University of Michigan Press, 2020.

La vraie et grande différence, par rapport à l'époque de Sparte et Athènes ou de l'Allemagne de Guillaume II face à l'Angleterre, est bien la dissuasion nucléaire, qui n'existait pas à l'époque. Elle a fonctionné au plus fort de la guerre froide et de l'opposition idéologique viscérale entre l'URSS de Staline et les États-Unis.

Sans parler d'un conflit armé, l'affrontement permanent entre Pékin et Washington, un bras de fer multiforme, est certainement le scénario le plus probable dans les années à venir, et la crise du Covid-19 a amplifié leur hostilité, en grande partie par un choix de stratégie électorale de Donald Trump. Qu'il soit réélu ou non, il en restera des traces.

Un rattrapage inéluctable ?

Le duel que se livrent les deux géants américain et chinois pour la suprématie mondiale structure les relations internationales, et sera certainement l'un des plus grands défis stratégiques des années à venir. La Chine ne masque plus ses ambitions, les États-Unis affichent leurs craintes. La crise du Covid-19 n'a pas créé cette rivalité mais elle en sort, à coup sûr, exacerbée.

L'angoisse de Washington est d'être dépassé par la Chine. Où s'arrêtera la montée en puissance de cette dernière, qui semble inexorable depuis que Deng Xiaoping a lancé les « quatre modernisations », en s'inspirant des méthodes du capitalisme pour sortir la Chine de la misère et du sous-développement ? Pour beaucoup, la question n'est pas de savoir aujourd'hui SI la Chine va surpasser les États-Unis, mais QUAND elle le fera. La perte du statut de première puissance mondiale est forcément une perspective non seulement inconfortable mais aussi, tout simplement, anxiogène et angoissante.

Au cours de la guerre froide, l'URSS n'est jamais parvenue au-delà de 40 % du PIB américain. La Chine est déjà à 60 %, et l'écart se resserre chaque année.

Évolution des PIB des États-Unis et de la Chine[1]

Années	PIB USA (en USD)	PIB Chine (en USD)
1980	2 857 milliards	178,3 milliards
1990	5 963 milliards	360,9 milliards
2000	10 252 milliards	1 211 milliards
2010	14 992 milliards	6 087 milliards
2018	20 544 milliards	13 608 milliards

Les Américains sont passés directement de l'isolationnisme – dont Pearl Harbor leur a rappelé qu'il ne les protégeait en rien – à la domination mondiale. En 1947, le président Truman confirmait que les États-Unis avaient pris la tête du « monde libre ». Ils vont, en fait, dominer l'ensemble du monde, à l'exception des pays et zones contrôlés par l'Union soviétique. En partant du principe que l'on commence généralement à s'intéresser à l'actualité vers l'âge de quinze ans, cela signifie qu'aujourd'hui, seuls les Américains de plus de quatre-vingt-dix ans ont connu un monde où leur pays n'était pas la puissance dominante. De quoi créer de solides façons de penser, difficiles à remettre en cause.

---

1. Source : Banque mondiale.

Si l'on y ajoute que, depuis l'origine, les États-Unis se considèrent comme un peuple particulier et moralement supérieur aux autres, ayant théorisé, dès le milieu du XIXe siècle, le fait qu'ils avaient une destinée manifeste consistant à apporter la liberté aux autres, on comprend qu'il leur est aujourd'hui difficile d'accepter de se voir dépasser, de surcroît par un pays communiste et asiatique.

Choisir le bon champ de bataille

Lorsque la crise du Covid-19 éclata en Chine, quelques commentateurs eurent du mal à cacher leur satisfaction. Cette crise sanitaire montrait qu'au-delà d'une apparente modernité, la Chine n'était pas au niveau des normes occidentales en termes de santé publique. Cela allait surtout signifier un coup d'arrêt à sa croissance, et certains n'hésitaient pas à affirmer que l'ascension chinoise était stoppée net, que c'en était fini des rêves de leadership mondial, de dépassement des États-Unis. On l'a dit, on avait déjà pu entendre la musique de la fin de la montée en puissance chinoise lors de la crise du SRAS.

Mais, à la différence de cette époque, les économies sont bien plus interpénétrées et interdépendantes. Ainsi, très vite, même les puissances qui voient d'un mauvais œil ou s'inquiètent de la montée en puissance de la Chine, comme les États-Unis ou le Japon, s'inquiétaient de son arrêt brutal, qui ne pouvait qu'avoir des répercussions négatives sur leurs propres économies. La Chine a pris une telle importance que, si elle s'enrhume, c'est le monde entier qui tousse, y compris ses rivaux. Ceux-ci sont pris au piège.

En retour, la Chine est elle-même affectée par les fluctuations de l'économie mondiale : elle est, pour sa croissance, très dépendante des exportations, et elle ne peut pas repartir seule si le monde est à l'arrêt. Il est probable aussi que la crise fasse prendre conscience des fragilités induites par une trop grande dépendance à l'atelier du monde qu'est la Chine, et que des politiques de relocalisation doivent être mises en œuvre. La France peut-elle continuer à dépendre à 90 % des exportations de Pékin pour son industrie pharmaceutique ?

Dans les années 1960, Mao déclarait que le vent d'Est l'emportait sur le vent d'Ouest, pour signifier que le communisme allait l'emporter sur le capitalisme. L'histoire allait le démentir. Mais, parce que la Chine a adopté une forme de capitalisme, elle est bien en passe de l'emporter sur les États-Unis. Si ce rattrapage paraît inéluctable du fait de la dynamique qui joue en la faveur de la Chine, leur affrontement ne l'est pas. Le premier est un état de fait, le second serait un choix stratégique.

La grande différence entre Xi Jinping et Donald Trump, c'est que l'horizon du premier est fixé sur 2030-2040, alors que celui du second l'est sur le 3 novembre 2020, date de la prochaine élection présidentielle.

Xi Jinping n'est pas tout à fait libre vis-à-vis de son opinion : il doit, d'une façon ou d'une autre, en tenir compte (et il le fait sur l'environnement, la corruption ou encore le Covid-19). Mais il est plus libre de tracer une perspective à long terme, car le sort des Chinois est en constante amélioration depuis près de quarante ans alors que celui de la majorité des Américains, et notamment de la classe moyenne, est plus incertain qu'autrefois.

La Chine est donc sur le long terme, les États-Unis sur le court terme. Et Donald Trump, plus encore. Xi Jinping prend des décisions pour entrer dans l'histoire, Trump pour être réélu – et il pense que, de toute façon, il peut réécrire l'histoire, proposer des vérités alternatives. Quand Xi Jinping prend une décision de politique étrangère, c'est pour assurer de meilleures positions à la Chine, par nationalisme, sans doute aussi par orgueil personnel, car il pense que l'histoire rendra raison à la Chine, et donc à lui-même. Quand Donald Trump prend une décision de politique étrangère, c'est pour satisfaire son électorat.

La Chine est désormais le premier partenaire commercial de 130 pays à travers le monde. Elle a supplanté les États-Unis ou leurs alliés dans plusieurs pays. Au moment où Trump joue les « Terminator » du système international, la Chine joue les bons élèves. À l'Assemblée générale des Nations unies, elle est bien plus souvent dans la majorité que les États-Unis. Elle déploie un travail patient, méticuleux et planifié de présence et d'entrisme dans les organisations internationales, au moment où les États-Unis les désertent ou tentent de les démolir. S'auto-désignant comme le représentant des pays du Sud, la Chine parvient facilement à trouver une majorité à l'AGNU, notamment contre les positions occidentales.

Donald Trump peut tempêter contre l'influence de la Chine à l'OMS, ce n'est pas en cessant de financer cette dernière qu'il va modifier le rapport de force. L'Organisation pour l'aviation civile internationale (OACI), l'Organisation des Nations unies pour l'alimentation et l'agriculture (FAO), l'Organisation des Nations unies pour le développement industriel (ONUDI) et l'Union internationale des télécommunications (UIT) sont dirigées par des Chinois. La Chine fait partie des cinq pays membres du groupe consultatif du Conseil des droits de l'homme de l'ONU. Elle a également multiplié les autres forums : sommet Chine-Afrique, « 17 + 1 » en Europe, Banque asiatique d'investissement pour les infrastructures, Organisation de coopération de Shanghai pour les questions stratégiques...

La candidature d'une Chinoise à la direction de l'Organisation mondiale de la propriété intellectuelle (OMPI) a échoué, les autres pays estimant que le bilan de la Chine en termes de respect de la propriété intellectuelle et des transferts de technologies laissait à désirer. Le candidat de Singapour l'a emporté par 55 voix contre 28[1].

Les États-Unis ne peuvent même pas conserver leur avantage grâce aux GAFAM car, même dans le domaine technologique et de l'intelligence artificielle, il existe un rattrapage chinois qui devrait se conclure par une victoire. Lorsque Google a été créé, en 1998, la proportion de Chinois ayant accès à Internet était de 0,2 %, contre 30 % pour les Américains. En 2018, il y avait en Chine 825 millions d'internautes et 753 millions de Smartphones.

Selon le classement PISA (Programme for International Student Assessment), la Chine arrive au 6e rang concernant le niveau en mathématiques, les États-Unis en 39e position. Dans le domaine de la science, des mathématiques, de la technologie et de l'ingénierie, la Chine diplôme chaque année 1,3 million de personnes, contre 300 000 aux États-Unis.

---

1. Emmanuel Veron, Emmanuel Lincot, « Organisations internationales : le spectre d'une hégémonie chinoise se concrétise », *The Conversation*, 21 avril 2020.

Pour ce qui est de l'intelligence artificielle, la Chine dispose de nombreux atouts : une profusion de données, des entrepreneurs insatiables, des chercheurs nombreux, un environnement politique favorable à ce secteur et une certaine docilité des utilisateurs chinois quant à l'utilisation de leurs données.

Comme le conclut Lee Kai Fu, « s'il est certain que l'Occident a allumé le brasier du *deep learning*, la Chine, elle, va accaparer l'essentiel de sa valeur[1] ».

Le soldat et le diplomate

Dans *Paix et guerre entre les nations*, son livre-fleuve sur les relations internationales, Raymond Aron écrivait que celles-ci s'expriment dans et par des conduites spécifiques des personnes symboliques que sont le soldat et le diplomate. La Chine est gagnante sur les deux tableaux, parce que les États-Unis ont privilégié de manière hypertrophiée le premier, et négligé le second.

Dès 1992, l'économiste américain Lester Thurow alertait sur les conséquences négatives des fortes dépenses militaires américaines : « Les États-Unis seront la superpuissance militaire du XXIe siècle. Mais c'est le premier des handicaps s'ils veulent aussi rester une superpuissance économique[2]. »

Tout semble opposer Jimmy Carter à Donald Trump, tant dans leur conception des États-Unis que du monde. Mais un point les a rapprochés : Jimmy Carter, fidèle à sa volonté de privilégier le dialogue, a soutenu Donald Trump

1. Kai Fu Lee, *I.A., la plus grande mutation de l'histoire*, Les Arènes, 2019.
2. Lester Thurow, *La maison Europe*, Calmann-Lévy, 1992, p. 275.

dans sa politique à l'égard de la Corée du Nord, largement critiquée par ailleurs. Aussi, en mai 2018, l'actuel occupant de la Maison Blanche l'appelait pour s'entretenir avec lui au sujet du différend commercial entre Pékin et Washington. Jimmy Carter lui expliquait alors pourquoi, selon lui, la Chine était en train de dépasser les États-Unis : « J'ai normalisé les relations diplomatiques avec la Chine en 1979. Savez-vous combien de fois la Chine a été en guerre avec qui que ce soit ? Jamais. Et nous, nous avons toujours été en guerre. » J. Carter mettait également en opposition les 18 000 miles de voies ferrées à haute vitesse en Chine, et leur inexistence aux États-Unis[1].

Les États-Unis ont des accords de défense avec soixante pays. Et, selon le proverbe qui dit que « lorsqu'on a un grand marteau, on voit des clous partout », ils ont trop souvent voulu régler les problèmes politiques par les moyens militaires, pour leur plus grand malheur. Donald Trump a compris, comme Obama, qu'il ne fallait plus lancer son pays dans des guerres. Mais il maintient un appareil militaire surdimensionné et coûteux, ayant fait passer les dépenses militaires de son pays de 600 à 738 milliards de dollars par an, entre 2017 et 2020.

Dans son livre *Has China won ?*, Kishore Mahbubani met en avant l'erreur fondamentale de réponse des Américains au défi chinois. Il leur reproche de mener une guerre du passé. Contrairement à l'Union soviétique, la Chine ne cherche pas à suivre la course aux armements lancée par les États-Unis. Dès lors, est-il sage de leur part de continuer à augmenter leurs dépenses militaires ?

---

1. CNN.com, avril 2019.

À partir du moment où une guerre entre les deux géants est impensable parce qu'elle mènerait alors à la destruction mutuelle, il est irrationnel, de la part des Américains, de miser sur la puissance militaire. Mahbubani estime que ces dépenses militaires sont un cadeau fait à la Chine et qu'elles ne sont pas dues à une nécessité stratégique, mais à la satisfaction du complexe militaro-industriel américain.

Mahbubani prend l'exemple d'un porte-avions qui coûte 13 milliards de dollars. Un seul missile DF-26, coûtant quelques centaines de milliers de dollars, peut le détruire par une frappe[1]. Ainsi, avec ses 280 armes nucléaires, la Chine est suffisamment forte pour dissuader les 6 400 armes nucléaires américaines.

Kishore Mahbubani souligne également que le système de nomination des ambassadeurs américains fait que les perspectives de carrière des diplomates professionnels s'arrêtent, au mieux, à être ambassadeur à Bamako[2]. Les Chinois ont, quant à eux, bâti un véritable parcours professionnel diplomatique. Or, la compétition entre les deux pays a plus de chances de se dérouler sur le plan diplomatique que militaire. Mahbubani estime, enfin, que les États-Unis ont gaspillé 5 000 milliards de dollars dans leurs guerres depuis le début du XIXe siècle.

Le rattrapage chinois est donc inéluctable. Il revient aux Américains de l'accepter ou non. Il est peu probable qu'ils le fassent, l'un des rares points de consensus entre Trump et ses adversaires démocrates étant l'opposition à la Chine.

---

1. *Op. cit.*, p. 109.
2. *Op. cit.*, p. 123.

La crise du Covid-19, loin de calmer cette rivalité face à un danger commun, l'a au contraire stimulée, à la fois par la volonté de Trump de faire diversion vis-à-vis de ses propres responsabilités et par la spectaculaire (plus que réelle) montée en puissance de la Chine durant cette période. Les États-Unis pourraient se dire que le plus important n'est pas la suprématie mondiale mais le bien-être de leurs concitoyens et que, pour atteindre le second objectif, il faudrait peut-être renoncer au premier. Ce n'est pas l'humeur, en ce moment, à Washington.

Confrontés à la montée en puissance de l'URSS – relative, on l'a vu, puisqu'au mieux l'URSS a atteint 40 % du PIB américain – et à leur propre déclin relatif dû à la guerre du Viêtnam, les États-Unis ont volontairement choisi d'entrer dans une politique de détente avec Moscou. Elle leur a ouvert de nombreux horizons.

Confrontés à la montée en puissance de la Chine et à leur déclin relatif dû à l'émergence d'autres pays, les États-Unis de Donald Trump choisissent l'affrontement avec Pékin. Et il n'est pas certain qu'un autre président revienne sur ce choix.

Affolé par la peur de perdre les élections de 2020 du fait de la crise du Covid-19 et, plus particulièrement, de ses effets sur l'économie américaine et des critiques sur la façon catastrophique dont il l'a gérée, Donald Trump a fait le choix fondamental, et aux conséquences incalculables, d'une relation conflictuelle avec Pékin. De plus, pour la première fois depuis 1945, une crise internationale majeure s'est déroulée sans que les États-Unis ne jouent un rôle de leader dans sa gestion. La désertion de Washington ouvre un espace à Pékin, d'autant que, même si la Chine a marqué des points par rapport aux États-Unis – en grande partie parce que Trump a déserté le champ international pour ne se préoccuper que de sa réélection –, le moment où la Chine va rattraper et/ou dépasser les États-Unis est encore lointain.

Il y a assez de temps pour mettre en place une relation plus harmonieuse et moins confrontative. Même s'ils sont dépassés, les États-Unis ne vont pas s'effondrer comme l'a fait l'Union soviétique. Ils ne seront pas irrémédiablement distancés ; ils resteront une puissance majeure, mais qui devra mettre fin à ses illusions d'un monde unipolaire. Illusions qui, par ailleurs, n'ont été bénéfiques ni pour les États-Unis, ni pour le reste du monde.

Chapitre 6

Péril rouge et/ou « Péril jaune » ?

*La Chine est de plus en plus souvent présentée comme
une menace pour nos démocraties dans les débats
publics occidentaux – de façon radicale aux États-Unis
et de plus en plus insistante en Europe. La crise
du Covid-19 a joué un rôle de révélateur.*

Dans les années 1960, Mao était à la tête d'un régime totalitaire. La population chinoise était privée non seulement de liberté, mais également de nourriture. Des millions de Chinois sont morts de faim[1] durant le Grand Bond en avant qui fut, en fait, un Grand Bond en arrière. Les époux, dont l'âge de mariage était fixé par le Parti

---

1. « Des langues pour parler aux chinois faméliques », chante Léo Ferré dans *À toi*, en 1957.

communiste, étaient assez prudents pour ne pas dire de mal du Grand Timonier devant leur conjoint, la menace d'être dénoncé par ce dernier pour déviationnisme étant réelle, et ses conséquences, tragiques. Tous étaient habillés de la même façon et ne changeaient pas de vêtements. Les seules lectures étaient *Le Quotidien du peuple* et *Le Petit Livre rouge* de Mao, que l'on brandissait avec ferveur tout en clamant ardemment des passages. L'idée d'avoir un équipement ménager relevait de la science-fiction.

À cette époque, des milliers d'Occidentaux proclamaient leur foi maoïste[1] et croyaient dur comme fer ce qu'écrivait Maria-Antonietta Macciocchi dans son livre *De la Chine*[2], affirmant que des médecins aux pieds nus soignaient les malades dans les campagnes les plus reculées car ils étaient, à défaut de savoir médical, animés par la « pensée Mao Tsé-toung[3] ».

Aujourd'hui, les Chinois ont un PIB par habitant et par an de près de 10 000 dollars[4] et 150 millions d'entre eux ont voyagé à l'étranger en 2018[5]. Ils sont plus de 800 millions à utiliser Internet et à avoir, malgré la censure, accès à une diversité d'informations. Ils s'expriment sans risquer le goulag, s'habillent comme ils le désirent et se distraient comme ils l'entendent.

---

1. *Cf.* Pascale Nivelle, *Histoire du Petit Livre rouge*, Tallandier, 2016.
2. Maria-Antonietta Macciocchi, *De la Chine*, Seuil, 1971.
3. Exemple de cette fascination, l'entrée des Khmers rouges, liés à Pékin, en 1975 à Phnom Penh (Cambodge), avait été décrite par l'envoyé spécial du journal *Le Monde* comme ayant « soulevé l'enthousiasme populaire ». Entre 1,5 et 2 millions de personnes perdront la vie sous la répression – qui constituera un génocide - du régime des Khmers rouges.
4. Banque mondiale, 2018.
5. Organisation mondial du tourisme.

Cependant, la presse occidentale ne cesse de marteler des messages sur le danger que représente, pour nos démocraties, la dictature chinoise. Paradoxe ? Non, cela s'inscrit dans une certaine logique. La Chine des années 1960 était encalminée dans son dénuement. Le régime n'était menaçant que pour sa population. Les Maoïstes français étaient des marginaux qui amusaient la bourgeoisie, car ils n'avaient aucune chance de parvenir ne fut-ce qu'à se faire élire conseillers municipaux. De surcroît, après 1971, la Chine devint un allié face à l'adversaire principal, l'Union soviétique, dont on craignait vraiment que les chars foncent sur l'Europe occidentale.

Le film de Jean Yanne *Les Chinois à Paris* jouait sur les ressorts de l'humour absurde : il n'y a aucune chance qu'ils arrivent jusqu'ici. Notons tout de même que Jean Yanne a fait preuve de prescience, puisqu'après avoir envahi la France, les Chinois établissent leur quartier général… aux Galeries Lafayette !

Aujourd'hui, la Chine est la seconde puissance mondiale sur le plan économique et devrait, à l'échelle d'une vie humaine, dépasser les États-Unis. Elle est riche et puissante. On ne craint pas une guerre avec elle, mais qu'elle fasse ce que font les premières puissances mondiales : imposer leur loi. Le fait qu'elle soit toujours dirigée par le Parti communiste vient nourrir les frayeurs occidentales. L'URSS, superpuissance pauvre, n'est plus. L'opulente Chine se développe chaque jour un peu plus. Il faut donc la combattre, ou du moins l'endiguer comme on l'a fait avec l'URSS. Mais c'est là qu'est le problème : on veut coller sur la Chine, dans un monde globalisé, le même raisonnement que l'on tenait sur l'URSS du temps de la guerre froide.

Mahbubani ajoute une dimension civilisationnelle à cette rivalité. Mais, après tout, n'avait-elle pas déjà été évoquée par Samuel Huntington dans *Le Choc des civilisations*? Le Singapourien se rappelle de Fu Man Chu, qu'il lisait enfant: « L'homme jaune aux yeux bridés, dépourvu de tout sens moral, personnifiait le Mal[1]. » Cette incarnation, cette peur ne pouvaient qu'être plus fortes chez de jeunes Occidentaux[2]. Le Péril jaune est encore dans certains esprits. Va-t-on ressorti ce thème du Péril jaune, justement? Un tableau commandé par l'empereur Guillaume II en 1895, représentant des hordes d'Asiatiques, conduits par Bouddha, se lançant de façon sanglante à l'assaut des puissances chrétiennes? La littérature de l'époque évoquait le Péril jaune et la menace des races en imaginant parfois une alliance nippo-chinoise, bien improbable aujourd'hui. La victoire du Japon sur la Russie dans la guerre de 1905 avait relancé ce débat. C'était la première défaite militaire d'une puissance européenne contre une puissance asiatique. Aux États-Unis, c'était la concurrence d'une main-d'œuvre à bas coût, développant une haine raciale, qui aboutit en 1882 au Chinese Exclusion Act, interdisant aux Chinois d'immigrer aux États-Unis.

Mahbubani cite Kiron Skinner, ancienne directrice pour la planification des politiques au département d'État américain, qui a parlé de la Chine comme d'une puissance non-caucasienne[3].

---

1. *Cf.* Robert Charlebois, *Fu Man Chu* (« C'est Fu Man Chu qui fit que je me ronge les ongles »).
2. Mahbubani, *op. cit.*, p. 26.
3. *Op. cit.*, p. 7.

La Chine ne cherche pas à imposer son régime dans d'autres pays. Elle ne dispose pas de puissants relais politiques et intellectuels comme pouvait en disposer l'URSS (PC et compagnons de route en France, par exemple). Elle défend son intérêt national et nous sommes confrontés, vis-à-vis d'elle, à une rivalité traditionnelle de puissance, pas à une guerre idéologique qui ne pourrait se résoudre que par la défaite de l'un des protagonistes. Mais cet Occident, qui était sûr de lui et qui ne l'est plus, se sent menacé par la poussée fantastique de ce pays. Car celui-ci, plus que tout autre, peut le dépasser. Il fait bien mieux vivre en Chine aujourd'hui que du temps de Mao, mais Mao était perçu de façon folklorique ; sa menace était, pour reprendre sa propre expression, celle d'un « tigre de papier », une image effrayante mais, en réalité, inoffensive. Le Pékin de Xi, c'est sérieux, et c'est cela qui inquiète l'Occident.

Moment Sputnik, moment Covid

La crise du Covid-19 a agi comme un révélateur. La montée en puissance de la Chine est ancienne, mais on peut dire qu'il y a eu un « effet Covid-19 », comme il y eut un « effet Sputnik ». En 1957, les Américains sont sidérés de constater que les Soviétiques sont parvenus à envoyer un engin en orbite spatiale ; ils les croyaient très en retard. Ce fut un choc. D'autant plus que la technologie des missiles intercontinentaux permettait désormais à l'URSS de frapper le territoire américain, ce qu'elle ne pouvait faire auparavant. Les États-Unis se lancèrent dans la conquête de l'espace avec le programme Apollo, et purent envoyer le premier homme sur la Lune.

La consécration d'AlphaGo qui, en mai 2017, a battu le champion de go chinois Ke Jie a été, selon Kai-Fu Lee[1], le « moment Sputnik » en Chine s'agissant de l'intelligence artificielle. Celle-ci s'est donné les moyens, après ce choc, de rattraper les États-Unis dans ce domaine essentiel.

En 2020, le Covid-19 a accéléré la prise de conscience des Occidentaux qu'ils n'étaient pas au-dessus des autres et que la Chine fonçait, si ce n'est sur eux, du moins devant eux. Mais il y a une grande différence. Comme nous venons de le voir, il est peu probable que les États-Unis puissent donner le même coup d'accélérateur que celui qu'ils ont donné après le « moment Sputnik » pour regagner leur avance. Ce moment Sputnik avait permis un sursaut, alors que le « moment Covid » rend terrible la défaite à venir.

La Chine est plus chinoise que communiste

On sent très nettement, dans les réactions face à cette offensive diplomatique chinoise, un mélange de parfum de guerre froide – la Chine ayant remplacé l'Union soviétique –, d'occidentalisme – nous devons, nous Occidentaux, être unis face au défi chinois – et de discours sur les valeurs de la démocratie. Il y a bien un « défi chinois », c'est indéniable. Mais suffit-il de sauter comme des cabris, en criant « Dictature ! Dictature ! Dictature ! », pour l'éloigner ? C'est loin d'être certain. Appliquer de façon mécanique les slogans de la compétition soviéto-américaine de l'époque de la guerre froide

---

1. Kai-Fu Lee, *IA, la plus grande mutation de l'histoire*, Les Arènes, 2019, p. 17.

est une nouvelle façon de faire la guerre, en adoptant la stratégie de la période d'avant et non celle de la période contemporaine.

On voit, dans certains commentaires, la reprise des arguments pour empêcher tout rapprochement diplomatique avec la Russie. Il est vrai que le thème de la menace russe (60 milliards de budget militaire contre 738 pour les États-Unis et 240 pour les pays européens de l'OTAN) peut s'essouffler. Trouver une menace chinoise permet de redonner corps à la mobilisation générale, mais c'est faire une erreur fondamentale sur les ambitions de la Chine[1].

C'est ce que décrit Jean Dominique Merchet : « Haro sur la Chine ! Pour les milieux néo-conservateurs français, toujours influents dans les cercles de pouvoir et les centres de réflexion, la crise du Covid-19 est une divine surprise. Elle leur offre l'occasion d'une nouvelle croisade propre à ressouder la "famille occidentale". » Il poursuit : « Plus encore que la Russie pourtant peu prisée, la Chine est devenue la grande affaire des occidentalistes parce qu'elle est à l'évidence la seule puissance capable de contester l'hégémonie occidentale[2]. »

Les ambitions chinoises existent, et nous avons certainement des intérêts qui peuvent être opposés. Mais il faut avant tout être conscient que la Chine est plus chinoise que communiste et que les Chinois, y compris

---

1. Le journal *Le Monde* titrait, le 14 mai 2020 : « La poutinisation de la diplomatie chinoise inquiète le reste du monde ». « Reste du monde » ou « monde occidental » ? La couverture de l'actualité chinoise par le correspondant du journal, Frédéric Lemaître, est néanmoins plus nuancée que les éditoriaux.
2. Jean-Dominique Merchet, « Diplomatie : les querelles françaises sur la Chine », *L'Opinion*, 6 mai 2020.

et sans doute, surtout, les membres du Parti communiste – et plus encore les dirigeants – regardent davantage le taux de croissance et l'évolution de la bourse que l'étude du marxisme-léninisme, la lecture du *Petit Livre rouge* ou les débats enflammés sur le matérialisme dialectique. Les deux ressorts de la légitimité du Parti communiste chinois, aujourd'hui, sont la réussite économique – due au capitalisme – et la fierté nationale. Pas vraiment des recettes marxistes-léninistes. Nous sommes dans un cadre traditionnel de rivalité de puissances. Il faut mettre la Chine en face de ses contradictions quand elle masque ses intérêts derrière un faux multilatéralisme, comme les États-Unis masquent les leurs derrière le flambeau de la promotion de la démocratie.

Nous devons avoir une attitude rationnelle à l'égard des ambitions de Pékin, déterminer jusqu'où elles sont compatibles avec les nôtres, à partir de quand elles sont contradictoires, et défendre nos intérêts. Mais nous ne serons pas séduisants pour les pays non-occidentaux si nous nous contentons de nous situer sur le terrain des valeurs, en opposant les démocraties occidentales à la dictature chinoise. Tout d'abord, parce que cette distinction n'est pas toujours éclatante pour certains pays non-occidentaux, qui commencent à se méfier de nous quand nous évoquons de façon trop insistante de nos valeurs. Leurs expériences leur ont appris que ce discours pouvait cacher des intentions moins pures. Ils peuvent aussi penser que ce qui compte, c'est l'efficacité, et que sur ce plan, la Chine est crédible.

En regardant deux mille ans d'histoire, les trente dernières années, au cours desquelles le Parti communiste a dirigé la Chine, ont été les trente meilleures années de la civilisation chinoise depuis qu'elle a été unifiée par Qin Shi Huang, en 221 avant J.-C.[1].

L'espérance de vie en Chine, qui était de trente-six ans en 1949, est désormais de soixante-et-onze ans. L'illettrisme, qui frappait 80 % de la population, a été éradiqué.

La formidable réussite économique du régime explique l'adhésion des Chinois à celui-ci, bien plus que la contrainte – réelle, en effet – exercée par le Parti communiste. En quarante ans, la Chine est passée de 50 % de sa population vivant sous le seuil de pauvreté à moins de 5 %.

« Dans les années 1990, dans l'esprit de la majorité des Chinois, la stabilité et le développement l'emportaient sur la démocratie, le succès professionnel sur l'extension des libertés individuelles, les droits économiques et sociaux sur les droits politiques [...][2] »

Les dirigeants chinois aiment à répéter que 150 millions de Chinois, avant la crise du Covid-19, partaient chaque année pour un séjour à l'étranger. Tous rentrent au pays, aucun ne demande l'asile politique. Double changement par rapport à la période « pré-globalisation » de la Chine, au cours de laquelle les nationaux n'avaient ni le droit, ni les moyens de partir à l'étranger – et, s'ils étaient en mesure de le faire, ils étaient susceptibles de « choisir la liberté » et de ne pas revenir au pays.

---

1. Kishore Mahbubani, *op. cit.*, p. 11.
2. Jean-Pierre Cabestan, *Demain la Chine : démocratie ou dictature ?*, Gallimard, 2018, p. 100.

Jean-Pierre Cabestan ajoute que « la crainte du chaos ou simplement de l'incertitude continue de convaincre les Chinois de soutenir le régime actuel ».

Kishore Mahbubani pousse même plus loin les arguments, relativisant l'avantage démocratique des États-Unis sur la Chine. Il rappelle qu'il y a 1,6 million de prisonniers en Chine contre 2,2 aux États-Unis, alors que la population chinoise est plus de quatre fois supérieure à celle des États-Unis.

Mais, surtout, il note le poids de l'argent dans la vie politique américaine, notamment depuis qu'une décision de la Cour suprême de 2010 a déplafonné le montant des contributions qui peuvent être faites pour soutenir un candidat. Il estime que la vie politique est corrompue par l'argent et que les intérêts privés dominent. Il pointe ainsi le fait que, depuis 1977, le *Foreign Corrupt Practices Act* interdit d'utiliser de l'argent pour influencer les dirigeants étrangers. Or, c'est exactement ce que font différents lobbies aux États-Unis[1]. Et il estime que, s'il y avait des élections en Chine, les Chinois risqueraient davantage d'élire des nationalistes durs à l'image de Donald Trump, ou interventionnistes comme Teddy Roosevelt, que des leaders démocrates comme Barack Obama.

Sortir du manichéisme

Au cours d'un débat sur la Chine à propos du Covid-19, l'un de mes interlocuteurs déclarait que la différence entre un pays autoritaire comme la Chine et les démocraties était le recours au mensonge. Dissimuler la vérité

---

1. Kishore Mahbubani, *op. cit.*, p. 196.

sur le Covid-19 était, selon lui, inhérent au système chinois. Je suis certain qu'il était sincère. Aussi fut-il un peu décontenancé quand je lui répliquai qu'en matière de recours au mensonge, le président Trump, à la tête d'un pays modèle en matière de démocratie, n'était pas nécessairement une référence quant au respect de la vérité[1].

J'avoue une certaine fatigue face à des débats où les protagonistes ont une vision binaire du monde, plaçant le monde occidental sur un piédestal, le reste dans les bas-fonds, les bons et les méchants, eux et nous… ce que j'appelais déjà, dans les années 1990, la « disneylisation » des relations internationales[2].

Nombreux sont ceux qui veulent délivrer des leçons de morale, qui n'ont que cette morale à la bouche lorsqu'ils évoquent les questions stratégiques. Cela permet souvent d'éviter de se plonger dans la complexité des réalités. Certains sont de bonne foi, d'autres parfaitement cyniques et se servent de la parole comme cache-sexe de leurs intérêts. Mais la plupart se sentent investis d'une mission et sont convaincus qu'une menace globale pèse sur le monde occidental. Ils sont d'ailleurs souvent prêts à fouler aux pieds, sans s'en apercevoir, les principes qu'ils défendent. Au nom de la défense de valeurs occidentales, il faut réduire au silence ceux qui s'y opposent, ou plutôt ceux qui sont accusés de s'y opposer. Certains feront tout pour tenter de limiter ou d'interdire la parole de ceux qui

---

1. Et j'aurais alors pu ajouter que le président Chirac, très aimé des Français, avait reçu le surnom de « Super menteur » par les Guignols de l'info, sans que cela ne débouche sur un scandale.
2. Pascal Boniface, *La volonté d'impuissance: la fin des ambitions internationales et stratégiques?*, Seuil, 1996.

ne sont pas d'accord avec eux, en les excluant du cercle de raison et en les faisant passer pour des ennemis de la démocratie et des libertés. S'auto-désignant « rempart du monde libre », ils sont prompts à diaboliser ceux qui ne partagent pas leur point de vue et à leur appliquer la sentence de Saint-Just, qui ne figure pourtant pas dans leur Panthéon : « Pas de liberté pour les ennemis de la liberté[1]. »

Julia Galef, co-fondatrice du Center for Applied Rationality de San Francisco, dans une conférence TEDx de 2016, distingue deux types de fonctionnement cognitif : celui du soldat et celui de l'éclaireur. Le jugement du soldat est fortement, voire strictement influencé par le camp qu'il veut voir gagner. La même décision sera soutenue ou contestée selon qu'elle est prise par un camp ou un autre. Son opinion – prédéterminée – est forgée par son appartenance à un camp, qui est prédéterminante. L'éclaireur, lui, recherche ce qui est exact, pas ce qui est confortable. Sa mission est d'apporter des informations utiles à son camp, pour que celui-ci ne se fasse pas piéger ou qu'il puisse prendre l'avantage. L'éclaireur doit donc aller contre ses propres préjugés, qui peuvent l'aveugler et l'induire en erreur. Sa motivation est non pas de se convaincre, comme le soldat, mais de voir la réalité aussi précisément qu'elle peut l'être et, donc, de tester en permanence ses propres jugements, dans l'intérêt même de sa mission. Le soldat cache la nouvelle qui lui déplaît, qui heurte ses convictions, car cela le met mal à l'aise : il préfère ne pas la connaître. L'éclaireur est à l'affût de toutes les nouvelles : il n'y en a pas de bonnes ou de mauvaises, il n'y en a que d'utiles.

---

1. Il y aurait une étude intéressante à mener sur la puissance des courants occidentalistes dans le monde de l'édition et des médias.

Le chercheur en sciences sociales, comme d'ailleurs le journaliste, doit être un éclaireur et non pas un soldat. Il peut, bien sûr, avoir des convictions, mais il doit accepter, sauf à trahir sa mission, de les confronter à la réalité et de les modifier si les circonstances le demandent. Il doit se méfier en permanence de ses propres préjugés, se référer aux sources les plus variées, sans se contenter d'aller vers celles qui confirment son opinion.

Que les choses soient claires : je fais la différence entre démocratie, régime autoritaire et dictature. J'ai bien conscience qu'on peut s'opposer à son gouvernement sans risque excessif dans les pays d'Europe occidentale, et que ce n'est le cas ni en Russie, ni en Chine, ni dans bien d'autres pays. J'ai aussi une claire conscience qu'il nous faut défendre nos intérêts, et que cela peut nous conduire à des oppositions ou à des confrontations avec d'autres puissances. Cela ne doit pas, pour autant, nous conduire à avoir une vision irénique de nous-mêmes, ni à voir le reste du monde comme un enfer. Il faut éviter le relativisme qui consiste à mettre tout le monde sur le même plan, tout comme la naïveté de penser que tout est parfait chez nous.

Trop de personnes ont conservé une mentalité de guerre froide, oubliant d'ailleurs les turpitudes, à cette époque, du monde occidental (soutien à l'apartheid, coup d'État en Indonésie, guerre du Viêtnam, Pinochet, Mobutu, etc.).

Depuis, non seulement la démocratie a gagné du terrain sur tous les continents, mais il faut surtout réaliser qu'à l'exception de la Corée du Nord, il n'y a plus de régime totalitaire. Il y a une différence entre régime totalitaire et autoritaire. Pour le premier, il n'y a ni libertés publiques, ni libertés privées. La vie quotidienne est régie par l'État.

L'élévation du niveau de vie, du niveau d'éducation et le développement des nouvelles technologies de l'information et de la communication ont fait que, partout dans le monde, les sociétés civiles ont pris de l'importance – bien sûr, à des degrés divers selon les pays et les régimes, mais on peut aujourd'hui affirmer qu'elles existent et qu'elles peuvent se faire entendre. Elles l'ont fait d'ailleurs, sur les questions sanitaires à propos de la crise du Covid-19.

Nos démocraties, pour préférables qu'elles soient, ne sont pas parfaites. L'autocensure existe toujours. L'esprit de cour également, et on peut le constater quel que soit le président élu. Le poids de l'argent vient limiter la réelle démocratie, singulièrement mais pas seulement aux États-Unis. La démocratie doit donner les moyens à chacun de pouvoir s'exprimer et de le faire sans peur. Ce n'est pas tout à fait le cas. J'avais été particulièrement frappé, il y a trois ou quatre ans, lorsqu'un universitaire, pourtant jugé esprit libre, m'avait dit : « Maintenant que je suis à la retraite, je peux parler librement. » Il avait exercé, dans un livre, une critique assez nette de la diplomatie française. Que peut craindre un universitaire en France ? Nous ne sommes plus sous Vichy ! Mais sans doute est-il toujours exact que nous vivons « dans ce monde où les muselières ne sont pas faites pour les chiens[1] ».

La vision idéalisée de nous-mêmes ne peut que nous décrédibiliser aux yeux des autres et diminuer fortement

---

1. Léo Ferré, *Thank you Satan*, 1961.

notre capacité d'analyse. Nous avons des intérêts à défendre, mais autant le faire à partir d'une vision exacte. Ce qui implique de reconnaître que les autres aussi ont des intérêts nationaux, et que nous n'avons plus les moyens d'imposer les nôtres.

Les Chinois aiment à faire remarquer que, lorsque l'amiral Zheng He se lança à la découverte de l'Afrique, il avait une flotte de 300 navires et 30 000 hommes – rien à voir avec les trois caravelles de Christophe Colomb. K. Mahbubani souligne de son côté que si l'Angleterre a pris possession de l'Australie, pourtant située à quatre-vingt-dix jours de navigation de ses côtes, la Chine, qui n'était qu'à trente jours, ne s'y est jamais établie. Mais on voit que la Chine est intraitable sur Taïwan, et son affection revendiquée pour le multilatéralisme ne va pas jusqu'à lui faire accepter de régler par le droit international les différends existants avec ses voisins en mer de Chine.

Lorsque j'ai commencé à travailler sur les questions stratégiques, la Chine avait un PIB quatre fois inférieur à celui de la France. Aujourd'hui, il est trois fois supérieur. On ne joue plus dans la même cour. Mais est-ce que cela change la vie des Français ? Oui : certains d'entre eux ont souffert des délocalisations, d'autres ont profité de ce nouveau marché.

Aujourd'hui, qui menace le plus la souveraineté française ? Qui a une législation extraterritoriale représentant un déni de notre indépendance et une menace économique ? Qui a déclaré que l'Union européenne était un ennemi ? Qui ne veut pas respecter les contraintes nécessaires pour protéger la planète ?

La Chine poursuit son intérêt national. Nous, Français et Européens, défendons le nôtre. Nous devons être fermes sur certains sujets, notamment commerciaux, avec la Chine. Mais nous ne devons pas devenir l'aide de camp d'un général qui nous maltraite dans un conflit où nous n'avons rien à gagner, et où nous n'aurons aucun pouvoir de décision. Les Américains ne veulent pas accepter d'être dépassés par la Chine. C'est leur problème, pas le nôtre.

La montée en puissance de la Chine, la place croissante qu'elle occupe sur la scène internationale, son appétit grandissant sont autant de défis pour la France et pour l'Europe. Mais ils sont d'une nature différente de celui qui se présente aux États-Unis. Ne nous faisons pas entraîner dans un combat pour la suprématie qui n'est pas le nôtre. La Chine n'est ni un allié, ni un adversaire. Elle peut, selon les cas, être un partenaire ou un compétiteur, un rival. Traitons-la ainsi, selon les cas.

Chapitre 7

L'Europe hésitante

*L'unité européenne a-t-elle été mise à mal ?
La crise du Covid-19 met-elle définitivement fin au
rêve d'une Europe puissance, ou bien va-t-elle enfin
susciter ce sursaut, objet d'attentes si souvent déçues ?*

Face à la crise du Covid-19, le bilan de l'Union européenne (UE) a été, comme très souvent, mitigé. Elle n'en sort ni honteuse, ni glorieuse. Les adversaires de l'Union européenne y verront la preuve de l'inutilité, voire de la dangerosité du carcan qu'elle représente, tandis que ses thuriféraires en célébreront les mérites, qui ont permis que le feu soit contenu. Chacun sera renforcé dans ses convictions. La solution passera toujours par moins d'Europe pour les uns, plus d'Europe pour les autres. Mais une évolution majeure s'est opérée en mai, qui pourrait donner un nouvel élan à l'UE.

De janvier à fin avril, on peut dire que l'Europe n'a ni failli, ni été transcendante. Elle n'a pas été catastrophique mais elle était en deçà de ce que l'on peut – et de ce que l'on pourrait – attendre d'elle. Sa gestion reste moins chaotique que celle des États-Unis de Donald Trump, mais moins déterminante et volontariste que celle de la Chine de Xi Jinping.

D'emblée, il ne faut pas oublier que les questions sanitaires ne relèvent pas de la compétence de l'Union européenne. Mais, *a minima*, on aurait pu s'attendre à une meilleure coordination, à une solidarité plus immédiate, à des décisions de long terme plus robustes. La crise du Covid-19 a montré les limites du terme « union », même s'il n'est pas vide de sens et oblige un minimum.

Soyons clairs : l'Italie et, par la suite – et dans une moindre mesure –, l'Espagne n'ont pas reçu la solidarité immédiate qu'elles auraient pu attendre, avant tout – et surtout – de leurs partenaires historiques de l'UE. Mais, fort heureusement, cette absence de solidarité a créé un tel choc qu'elle a amené les pays européens à se ressaisir.

Comment expliquer que l'un des pays fondateurs de l'Europe ait vu le sentiment anti-européen se développer au point de ressusciter l'extrême droite, qui s'est emparée de ce thème ? Nous avons tout d'abord abandonné l'Italie dans le cadre de la crise des réfugiés, notamment la France en fermant la frontière à Vintimille. Et nous ne nous sommes pas portés à son secours lorsqu'elle a été victime de la crise du Covid-19. La Grèce avait, elle aussi, vécu ce sentiment d'abandon, bien sûr lors de la crise de sa dette (dont elle était en partie responsable) mais également face à l'afflux de réfugiés.

Je me rappelle ce que me disait à l'époque Gilles Martinet, figure historique de la gauche et cofondateur du PSU (Parti socialiste unifié) qui avait été ambassadeur de France à Rome entre 1982 et 1984. Il se plaignait de la condescendance avec laquelle les Français, et en premier lieu les responsables politiques, considéraient l'Italie et de la frustration que cela suscitait dans ce pays. Lorsque la crise du Covid-19 a éclaté en Italie, beaucoup de commentateurs français l'ont attribuée à la faiblesse structurelle de l'État italien, à son supposé manque d'organisation, en affirmant que cela ne pouvait pas nous arriver. La présidente de la Commission européenne, Mme von der Leyen, déclarait le 9 mars 2020, alors qu'il y avait déjà des centaines de morts : « Nous suivons la situation en Italie. » C'était, pour le moins, une déclaration *a minima*. Elle aura la dignité de reconnaître avoir sous-estimé l'épidémie par la suite, et présentera ses excuses à la nation italienne le 2 avril.

Maurizio Massari, ambassadeur italien auprès de l'Union européenne, déclarait le 10 mars : « L'Italie a demandé l'activation du mécanisme de protection civile de l'Union européenne pour la fourniture d'équipements médicaux de protection. Malheureusement, pas un seul État membre n'a répondu à l'appel de la Commission. Seule la Chine a répondu[1]. »

Au contraire, peu après, la France et l'Allemagne interdisaient l'exportation de matériels médicaux au sein de l'Union européenne (bonsoir le marché unique et la libre circulation !), l'Allemagne fermant ses frontières, y compris avec la France, le 15 mars.

---

1. *Le Monde*, 2 mai 2020.

Mais l'Union européenne va être utile pour éviter l'effondrement économique de certains pays membres. Le 12 mars, la Banque centrale européenne (BCE) annonçait un plan d'aide de 110 milliards, jugé insuffisant par les marchés qui plongeaient une semaine plus tard. Un nouveau plan de 750 milliards d'euros, était jugé plus crédible. La Commission européenne, de son côté, a accepté deux exceptions majeures à des professions de foi solidement établies et régulièrement critiquées : elle a autorisé les États à venir en aide aux entreprises, mettant de côté le dogme selon lequel l'intervention de l'État faussait la libre concurrence, et a suspendu le pacte de stabilité qui limite strictement, et de façon étranglante pour certains, le déficit budgétaire des États membres. Les pays de la zone euro ont mis en place, depuis 2012 et la crise des dettes souveraines des États, un instrument de soutien à la balance des paiements, le Mécanisme européen de stabilité (MES), qui peut fournir à chaque pays un prêt à faible coût à hauteur de 2 % de son PIB, ce qui représente une capacité de prêt d'environ 240 milliards d'euros pour l'ensemble de la zone.

Mais il allait y avoir un échec sur les « coronabonds » – outil qui permettrait, d'une certaine manière, de mutualiser la dette des États de la zone euro. Ceux-ci avaient été demandés par la France, l'Italie, l'Espagne, le Portugal, la Grèce mais également – pour élargir et ne pas rester dans un « club Méditerranée » – l'Irlande, le Luxembourg, la Belgique et la Slovénie. Le refus de l'Allemagne et des Pays-Bas, mais aussi de l'Autriche et de la Suède, avait douché les experts de ces pays. Le Premier ministre portugais, António Costa, avait jugé « répugnante » l'attitude des Pays-Bas, et la ministre espagnole des Affaires étrangères, Arancha González, avait déclaré : « On a heurté un iceberg. Ce n'est pas le moment de discuter de qui est en première et qui est en deuxième classe. L'histoire jugera[1]. »

Madame Merkel a déclaré que l'Union européenne était, face à la pandémie de Covid-19, confrontée à la plus grave crise de son histoire. Pourtant, la chancelière allemande refusait la création des « coronabonds ». Il est vrai qu'Angela Merkel, en tant que chancelière allemande, a moins de marges de manœuvre qu'un président français. Le Parlement est beaucoup plus puissant outre-Rhin, et le fait qu'elle soit à la tête d'un gouvernement de coalition lui laisse les mains moins libres qu'un président de la République française.

Le 23 avril, les Vingt-Sept se mettaient d'accord pour établir un vaste fond de relance « post-Covid-19 », qui serait lié au budget de l'Union. Une façon d'éviter d'émettre des coronabonds, tout en mutualisant le fonds. Ursula von der Leyen évoquait le montant de 1 000 milliards de dollars.

Allemagne européenne ou Europe allemande ?

Mais il y a d'autres enjeux derrière ce refus. Émettre des coronabonds pourrait permettre de faire des emprunts au nom de l'Union, et non au nom de chaque État. Or, aujourd'hui, les situations des membres de la zone sont très différentes. C'est notamment le cas entre l'Italie, par exemple, qui emprunte à un taux de 2,4 %, et l'Allemagne, qui emprunte à un taux négatif de -0,4 %.

---

1. *Le Monde*, 2 mai 2020.

Cette mutualisation satisferait et profiterait aux pays les plus fragiles. Les pays les plus solides estiment, de leur côté, qu'ils n'en ont pas besoin. Il existe en Allemagne une vieille crainte de devoir payer pour les pays qu'on pourrait qualifier de « cigales ». Ainsi, l'Allemagne, mais aussi les Pays-Bas, l'Autriche, le Danemark ou la Suède, les pays « frugaux », sont montés au créneau face à cette proposition. Une telle fracture était déjà apparue lors de la crise de l'euro.

La position allemande, qui est indéniablement une position idéologique[1], est déjà discutable en temps normal, même s'il est indéniable que l'Allemagne est plus vertueuse que d'autres pays et moins endettée. Mais, en temps de crise, une telle position est difficilement compréhensible, au nom même de la solidarité entre pays européens, censée faire partie de l'ADN de l'Union. Surtout que l'Allemagne a besoin, pour sa propre vitalité économique, d'une Union européenne en bonne santé.

Au bout du compte, l'Allemagne a tout de même besoin de l'Europe. Elle aurait du mal à se relever si ses partenaires européens sortaient à genoux de cette crise. Et cette vieille conception d'une Allemagne vertueuse, qui ne devrait pas encourager le vice en aidant les pays du « club Med' », est un peu trop ancrée dans les esprits allemands et ne correspond surtout pas à l'urgence actuelle.

Irrémédiablement risque de ressurgir le débat « Est-ce que nous avons une Allemagne européenne ou une Europe allemande ? » L'Allemagne fait évidemment preuve

---

1. Liée à une peur viscérale du retour à l'inflation avec le souvenir traumatique, toujours présent, des années 1920, lors desquelles une inflation géante et le désordre économique avaient ouvert le chemin du pouvoir à Hitler.

de solidarité sur de nombreux points (médicaux notamment), mais c'est bien sur ce tabou des coronabonds, sur lequel elle bute, qu'un pas historique aurait pu être franchi.

L'Europe a besoin d'une Allemagne forte. Elle pèse évidemment plus, face à la Chine ou aux États-Unis, avec une Allemagne puissante. La France, elle aussi, a besoin d'un partenaire allemand fort, qui ne soit plus inhibé au niveau international, qui puisse exercer sa puissance. Mais encore faut-il que cette puissance soit mise au service de l'intérêt général, de l'intérêt collectif européen, et non au service des seuls intérêts nationaux allemands.

En 2003, Gerhard Schröder avait refusé la guerre d'Irak, et le soutien allemand à la position française avait permis à la France d'être beaucoup plus solide face aux pressions américaines. Lorsque l'Allemagne est puissante et qu'elle met cette puissance au service de l'intérêt collectif, elle en sort grandie. L'Allemagne semble assez forte lorsqu'il s'agit d'imposer sa volonté à ses partenaires européens, mais, lorsqu'il s'agit d'aller à l'encontre des positions américaines, elle maugrée pour finir par accepter de nombreux oukases et diktats américains, notamment quand il s'agit de protéger ses exportations automobiles vers les États-Unis.

Berlin a refusé la taxe sur les GAFAM et hésite à sauter le pas vers l'autonomie stratégique européenne, alors qu'il devient flagrant que nous n'avons plus réellement de partenaire américain avec Donald Trump.

Certes, nous avons besoin d'une Allemagne forte, mais aussi d'une Allemagne qui soit réellement européenne. S'il s'agit d'avoir pour partenaire une Allemagne qui essaye de mettre au pas l'Europe, cela est moins utile. Une fois encore, il ne faut pas que resurgisse la question : « Va-t-on vers une Allemagne européenne ou vers une Europe allemande ? » C'est ce débat que Kohl et Mitterrand avaient réussi à éviter en 1990-1991, lors de la réunification allemande.

Jacques Delors s'est exprimé ainsi : « Si l'Union européenne n'est pas capable, dans ces circonstances exceptionnelles, de changer de logiciel économique et de faire preuve de solidarité, alors elle est en danger de mort. »

Le 5 mai, la Cour constitutionnelle allemande exigeait de la Banque centrale européenne qu'elle justifie son programme d'achat de dette lancé en 2015, et qu'elle montre en quoi il était proportionnel aux dangers auxquels l'Europe faisait face à l'époque. Si la Cour constitutionnelle allemande s'arroge de tels droits, alors que l'Allemagne ne cesser de plaider pour l'indépendance de la BCE, il y a un vrai danger d'explosion.

Le 18 mai 2020 avait lieu un petit miracle. Angela Merkel et Emmanuel Macron annonçaient ensemble, l'un de Paris, l'autre de Berlin, que la Commission européenne s'endettait à hauteur de 500 milliards d'euros pour fournir cet argent, par le biais du budget communautaire, aux États et régions les plus durement touchés par le Covid-19. Pour la première fois, l'Allemagne acceptait l'idée d'un emprunt mutualisé, après avoir accepté de faire sauter la règle de limite à hauteur de 3 % du PIB pour le déficit budgétaire des États. Cette somme de 500 milliards est conséquente. Elle représente trois fois et demie le budget annuel de l'UE.

L'Allemagne a compris qu'elle ne pouvait plus faire cavalier seul et endosser la responsabilité d'une crise majeure, à la fois politique, économique et sociale dans les pays européens, notamment du Sud. Berlin a pris conscience que la faillite d'un de ses partenaires ne pouvait pas ne pas avoir de conséquences sur sa propre économie, bien sûr, mais au niveau politique également. Madame Merkel a accepté de faire un pas de géant, allant à rebours de l'orthodoxie allemande en matière budgétaire. Elle contourne aussi, ce faisant, le problème politique que lui pose le jugement de la Cour constitutionnelle allemande, puisque ce n'est plus la Banque centrale européenne qui prête aux États (à travers les banques), mais bien la Commission directement. Est-ce que la crise du Covid-19 va permettre à l'Europe un pas de géant ? Il est encore trop tôt pour le dire.

La présidente de la Commission européenne, Ursula von der Leyen, qui avait plaidé pour une « commission géopolitique » lors de sa prise de fonction, saisissait la balle au bond. Elle proposait, le 27 mai 2020, l'émission d'un grand emprunt européen de 750 milliards d'euros et une augmentation sans précédent des transferts au sein du budget communautaire. Il y aura, certes, d'intenses négociations pour les répartitions à venir, mais l'élan est bel et bien là.

Une place à prendre ?

Mais il y a un autre point sur lequel l'Europe a su réagir avec efficacité et pertinence. Il s'agit de la relation avec les pays africains, où elle a fait en sorte de ne pas laisser un boulevard à la Chine au moment où les États-Unis étaient aux abonnés absents.

Le 13 avril, le président Macron appelait à l'annulation de la dette des pays africains. Dès le 9 avril, l'Agence française de développement annonçait le lancement de l'initiative « Covid-19 santé en commun » de 1,2 milliard d'euros d'ici à l'été 2020. Ce dispositif, annoncé comme complémentaire des actions des bailleurs de fonds multilatéraux et européens, ciblait en priorité le continent africain. Il se décomposait ainsi : 150 millions d'euros sous forme de dons, 1 milliard d'euros sous forme de prêts.

La présidente de la Commission européenne, Ursula von der Leyen, en annonçant le plan de 15,6 milliards d'euros d'aide aux pays les plus vulnérables d'Afrique, déclarait : « Le virus ne connaît pas de frontières, le défi global nécessite une forte coopération internationale. L'Union européenne travaille inlassablement pour combattre la pandémie. »

Le 4 mai, la présidente de la Commission européenne organisait une conférence de donateurs pour lever des fonds pour lutter contre le Covid-19. Cette réunion a permis de rassembler 8 milliards d'euros. De façon significative, les États-Unis étaient absents, et ni la Chine, ni la Russie n'ont mis la main à la poche.

En agissant ainsi, l'Europe incarne un véritable multilatéralisme, actif et responsable. C'est là qu'elle peut faire la différence, face à la désertion américaine et à l'offensive parfois un peu étouffante de la Chine. Face à ce double phénomène, il y a un espace pour l'Europe. Un multilatéralisme vigoureux et non intrusif, une capacité d'initiation d'un mouvement dans le respect des identités des partenaires. Puisque de nombreux Européens critiquent l'offensive chinoise, pourquoi l'Europe ne se pose pas, enfin, en « *global player* », pour cesser d'être seulement un « *global payeur* » ?

Pour cela, il y a un pas à franchir. Accepter de reconnaître que nous n'avons pas la même vision du monde que les États-Unis ; que, désormais, la menace soviétique n'étant plus, nous n'avons plus besoin de leur protection, et que nous pouvons nous affirmer en tant que tels. Il faudrait, avant tout, que l'Allemagne accepte de bouger.

Avec le plan franco-allemand du 18 mai 2020, l'Allemagne a fait le choix fondamental de l'Europe. Avec le projet annoncé par Ursula von der Leyen le 27 mai, l'idée d'une « commission géopolitique » a pris corps. C'est à partir d'un noyau dur, des pays fondateurs moins les Pays-Bas et plus l'Espagne, le Portugal et quelques autres, que l'Europe peut se remettre en marche. Et si la pandémie de Covid-19, qui a touché cruellement l'Europe, allait être un facteur déclencheur vers une Europe *global player* ?

Chapitre 8

La fin de la mondialisation ?

En est-ce fini de la mondialisation ? On annonçait la fin des frontières, elles se sont redressées partout. Va-t-on mettre un terme aux grands flux internationaux de personnes et de biens ? Jusqu'où va-t-on revenir en arrière ?

Paradoxe de la globalisation : le Covid-19 ne connaît pas les frontières et n'a été arrêté par aucune d'entre elles. Il les a fait ressurgir sur les cinq continents, plus hermétiques que jamais. La mondialisation – ou la sur-mondialisation – aurait-elle tué la mondialisation ?

Le 31 décembre 2019, les Français pouvaient se rendre dans 127 pays sans visa, dans 42 pays en obtenant un visa à leur arrivée sur place, et dans 29 pays avec un visa préalable obligatoire. Trois mois plus tard, ils ne peuvent plus aller nulle part. En Asie, en Amérique latine, en Afrique, pratiquement toutes les frontières ont été fermées au passage des personnes. Et c'est également le cas dans l'espace Schengen. En avril 2020, 150 pays avaient fermé leurs frontières.

La mondialisation peut se définir comme la contraction du temps et de l'espace. L'épidémie de Covid-19, qui s'est répandue dans le monde entier au point de le bloquer en trois mois, illustre à merveille cette définition. La globalisation était supposée avoir effacé les frontières et suscité une mobilité totale. Le coronavirus a eu pour effet d'interdire presque totalement les déplacements interétatiques et d'ériger de nouveau les frontières, redevenues aussi infranchissables que l'était le rideau de fer à l'époque de la guerre froide. On dit souvent qu'autrefois, elles existaient pour empêcher les citoyens d'un pays d'en sortir, et qu'aujourd'hui – déjà, avant la crise du coronavirus – elles servent surtout à empêcher les gens d'y entrer. Dans le cadre de cette épidémie, le droit de sortir de votre pays vous est retiré, et aucun autre ne peut vous accueillir. Allons-nous vivre dans un monde clos ? Allons-nous effacer des décennies d'ouverture ? Est-ce la fin de la mondialisation ?

Le terme de « globalisation » ou de « mondialisation » avait été utilisé pour la première fois en 1983 par Ted Levitt, professeur à la Harvard Business School, pour désigner la convergence des marchés financiers. L'interdépendance économique des pays, la libéralisation des échanges, des investissements et des flux de capitaux en était la caractéristique.

Ce terme s'est imposé à la fin des années 1980 et au début des années 1990 pour décrire la nouvelle configuration de la planète. Elle résultait de la conjonction d'une révolution stratégique, d'un bouleversement économique et d'une percée technologique, tous trois majeurs et structurels. La chute de l'empire soviétique, la libéralisation des marchés et le développement des nouvelles technologies de l'information et de la communication créaient un monde interconnecté.

Déjà, dans les années 1960, un sociologue canadien, Marshall McLuhan, avait développé la formule choc de « village global ». Les mass médias permettaient de savoir tout ce qui se passait loin de nos frontières. Dès lors, le monde était devenu un village où l'on pouvait tout savoir sur tout. La formule de McLuhan prenait en compte la télévision, mais il écrivait à une époque où Internet et les réseaux sociaux n'existaient pas.

Au début des années 1990, cette perception que le monde s'ouvrait à tous venait se greffer sur un sentiment de triomphe stratégique des États-Unis, qui avaient vu s'écrouler leur rival soviétique. Un analyste du centre de prospective du département d'État, Francis Fukuyama, développait le concept de « fin de l'Histoire », au sens hégélien du terme. Même si elles n'étaient pas encore présentes partout, la démocratie et l'économie de marché s'étaient imposées comme horizons indépassables. L'URSS avait disparu et la Chine, sans l'avouer ouvertement, se mettait à imiter, avec une vigueur remarquable, les règles du capitalisme. Cette vague de mondialisation était avant tout une américanisation du monde. La planète entière regardait CNN et les films d'Hollywood, mangeait McDonald et buvait Coca-Cola, admirait la statue de la Liberté, le World Trade Center et l'époustouflant dynamisme de la Silicon Valley.

En 1995, Bertrand Badie publiait *La fin des territoires*. Selon lui, « l'ordre des réseaux transperce et cisaille celui des territoires, l'affaiblit et lui fait perdre précisément cette cohésion et cette exceptionnalité qui fondaient sa nature essentiellement politique », ce qui tend à « déterritorialiser les rapports internationaux[1] ». « Le territoire agonise en politique[2] », ajoutait-il.

En 1997, Alain Minc, au cœur du monde des affaires, des médias et du débat public, publiait *La mondialisation heureuse*. Selon lui, « mondialisation, globalisation, internationalisation ne sont que des noms de code pour cette nouvelle loi de la gravitation économique, le marché roi[3] ».

La première mondialisation avait été permise par la conviction que la terre n'était pas plate et qu'on pouvait, donc, se lancer dans la circumnavigation. Cette phase de mondialisation la ferait plate de nouveau. Les frontières commerciales et politiques sont abolies et ce ne sont plus les États ou les firmes qui rentrent en relation ou en concurrence, mais directement les individus, qui forment des réseaux *via* Internet.

En 2005, Thomas Friedman, éditorialiste vedette du *Washington Post*, publiait *La Terre est plate*. Le livre se vendait à trois millions d'exemplaires. On dit qu'il était le livre de chevet de Tony Blair. Dans une interview à

---

1. Bertrand Badie, *La fin des territoires*, Fayard, 1995 (p. 135).
2. *Op. cit.*, p. 170.
3. Alain Minc, *La mondialisation heureuse*, Plon, 1997, p. 12.

L'Express du 9 novembre 2006, Friedman, pour illustrer sa thèse, racontait qu'une version piratée de son livre avait été imprimée en Chine et qu'elle était vendue dans les échoppes de Bombay. Selon lui, la conjonction de trois révolutions bouleverse totalement l'état de la planète : celle de l'ordinateur personnel qui offre à chacun la possibilité de devenir l'auteur de contenus digitaux ; celle d'Internet qui permet d'envoyer des contenus gratuits partout dans le monde ; celle des logiciels qui permettent de travailler en ligne et la création de plateformes globales ouvertes à toute forme de collaboration, bouleverse totalement l'état de la planète. Les chaînes de production, d'approvisionnement sont devenues virtuelles, segmentées entre des acteurs délocalisés. Elles font travailler au même moment, un peu partout dans le monde, un nombre important d'hommes et de femmes qui collaborent, mais qui sont également en concurrence.

Certains sonnaient l'alarme, affirmant que cette mondialisation conduisait à un effacement des identités nationales et à une paupérisation des classes ouvrières et moyennes des pays occidentaux. Qualifié initialement d'« anti-globalisation », ce mouvement allait opter pour la notion d'« altermondialisation », avec pour slogan « un autre monde est possible ». Cette mondialisation « alternative » devait être celle des peuples et non du capitalisme, du partage et non de la privatisation et des profits ; celle de la mise en avant de biens publics mondiaux. La phase actuelle de mondialisation apparaissant surtout comme une formidable dérégulation, les partisans de ce mouvement appelaient à réguler cette « mondialisation sauvage ».

Au niveau global, la mondialisation a accru la richesse planétaire. Des centaines de millions de personnes sont sorties de l'extrême pauvreté. Mais elle a également augmenté les inégalités, non pas entre pays mais entre individus. En 2011, Arnaud Montebourg signait un grand succès de librairie avec son ouvrage *Démondialisation* (Flammarion). Il y dénonçait les élites économiques et politiques enfermées à double tour dans leur confort, dans leur mondialisation heureuse, protégées par leur culture, leurs professions, leur mobilité et leurs voyages, leur sécurité financière... Mais la globalisation a également suscité l'émergence des nations non-occidentales, venant mettre fin à la période ouverte cinq siècles plus tôt par la première phase de mondialisation. Symboliquement – mais la réalité est bien sûr plus complexe –, certains observateurs retiennent 1992 pour marquer le début de cette nouvelle mondialisation.

En effet, le concept de mondialisation n'était pas tout à fait inédit. La première vague de mondialisation peut être assimilée à ce que l'on qualifie, à tort, de « grandes découvertes », une période lors de laquelle des régions du monde qui s'ignoraient ont été mises en contact. La deuxième a eu lieu avec la révolution industrielle. Karl Marx parlait déjà de l'« internationale des travailleurs » qui n'ont pas de patrie, donc pas de frontières. Paul Valéry écrivait, en 1931, « le temps du monde fini commence », car la terre était alors entièrement partagée entre les différentes souverainetés étatiques. Les guerres de 1914-1918 et de 1939-1945 ont ainsi été qualifiées de « guerres mondiales », ainsi que la crise de 1929. Ce qui change, avec la phase actuelle, c'est bel et bien la contraction du temps et de l'espace. Il a fallu plus de trois ans et demi à Magellan pour la première circumnavigation, et lui-même, ainsi qu'une grande partie de son équipage, n'en sont pas revenus vivants.

On a aussi beaucoup glosé sur la fin des frontières et l'obsolescence des États, qui auraient été démodés et remplacés par les flux et les réseaux. La crise du Covid-19 va-t-elle remettre tout cela à plat ? Pourra-t-on de nouveau, de façon légitime, parier sur le fait qu'il n'est pas possible de faire le tour du monde dans un délai aussi réduit que quatre-vingt jours – cette fois-ci, non plus à cause de l'absence de moyens de transport rapides, mais à cause des difficultés juridiques et policières à franchir les frontières ?

Deux indicateurs sont très représentatifs de la globalisation. Il s'agit du nombre de voyageurs transporté par avion et de celui – le phénomène est lié – des touristes internationaux. Pendant les Trente Glorieuses, période au cours de laquelle les Occidentaux étaient les seuls à connaître la prospérité, le voyage en avion restait le privilège d'une élite, et les vacances à l'étranger un phénomène encore limité. L'ouverture des frontières, la construction d'infrastructures dans des pays à main-d'œuvre bon marché, ou encore la multiplication de l'offre et de la concurrence dans le secteur aérien, ont permis aux classes moyennes occidentales de partir voyager en dehors de leurs frontières. L'émergence amenait les citoyens non-occidentaux à faire de même et, à leur tour, à connaître la joie de photographier des monuments étrangers – puis, avec l'arrivée des Smartphones, de se photographier devant les mêmes monuments.

Tourisme et trafic aérien (1990-2019)

Année	Nombre de touristes internationaux selon l'OMT* (en millions)	Pourcentage de touristes voyageant par avion selon l'OMT*	Nombre de voyageurs transportés par avion selon l'OACI* (en millions)
1950	23	-	-
1990	438	42	1 025
1995	531	44	1 288
2000	674	46	1 674
2005	809	50	1 970
2010	952	52	2 628
2015	1 197	56	3 466
2018	1 407	58	4 233
2019	1 461	Non renseigné à ce jour	Non renseigné à ce jour

*OMT : Organisation mondiale du tourisme.
*OACI : Organisation de l'aviation civile internationale.

Évolution du volume du commerce mondial
(1990-2019)

Année	Commerce de marchandises (en % du PIB mondial) selon la Banque mondiale	Exportations de marchandises (en milliards de $ US courants) selon la Banque mondiale
1990	30,044	3 467
1995	32,947	5 191
2000	39,065	6 499
2005	44,982	10 576
2008	51,441	16 265
2009	41,965	12 636
2010	46,647	14 400
2015	44,595	16 636
2018	46,136	19 600

Va-t-on assister à la fin du tourisme de masse? Le trafic aérien va-t-il s'arrêter? En avril 2020, aux États-Unis, il était revenu à son niveau de 1950. Les Jeux olympiques seront-ils simplement retardés, ou bien ne pourront-ils plus jamais se dérouler? Y aura-t-il de nouveau une Coupe du monde de football? Et, dans le cas où les matchs auraient lieu, les dizaines de milliers de supporters qui se déplaçaient pour soutenir leurs équipes devront-ils se contenter de les voir à la télévision – ou, pourquoi pas, les matchs se dérouleront-ils dans des stades vides? Allons-nous connaître des confinements nationaux et nous contenter d'admirer de façon virtuelle la muraille de Chine, le Machu Picchu ou la place Saint-Marc?

Comme très souvent, le risque le plus évident est de passer d'un extrême à l'autre. D'une mondialisation dont nous avons cru qu'elle aurait tout effacé – frontières et identités nationales – à une démondialisation. Un « monde d'après » qui nous ramènerait à ce que nous vivions dans les années 1960. Soyons clairs : les frontières n'ont jamais disparu et si, pour l'heure, elles sont infranchissables, ceci n'est qu'un moment passager. Ne confondons pas le conjoncturel et le structurel. Mais nous sommes tellement habitués à l'instantané que nous faisons trop souvent de l'instant présent un horizon indépassable. Ce sont d'ailleurs les grandes entreprises digitales – symbole triomphant de la mondialisation – qui ont le mieux tiré leur épingle du jeu de la crise du Covid-19. Le virtuel a remplacé – provisoirement – le réel, mais les contacts restent à l'échelle mondiale : on suit de près ce qui se passe au loin, plus conscients que jamais des répercussions que cela peut avoir chez nous. On ne va « désinventer » ni Internet, ni les réseaux sociaux. Au contraire, les moyens de rester connectés les uns aux autres, y compris de faire des réunions internationales par visioconférence, se sont développés. Chacun suit à la fois l'évolution de la pandémie dans son département et au niveau mondial. On se passionne à la fois pour le duel Chine/États-Unis et pour les élections municipales de sa ville.

La théorie de la fin des territoires ou des frontières était certainement un concept novateur et intellectuellement séduisant. Elle avait pour unique défaut de ne pas correspondre à la réalité. Les frontières se sont assouplies, ont changé de sens. La nécessité d'un visa pour voyager a été supprimée pour beaucoup de pays, mais les frontières demeuraient, même avant la crise. Parler de la « fin des frontières » pour les dizaines de milliers de réfugiés qui tentent de rejoindre l'Europe, très souvent au péril de leur vie, pour fuir les guerres civiles ou pour s'ouvrir des perspectives dont ils ne disposent pas dans leur pays d'origine, serait d'une ironie cruelle. Les frontières se sont peut-être abaissées du Nord au Sud, mais elles restent très présentes lorsque, venant du Sud, on veut aller au Nord. Lorsqu'on voit la construction du mur entre les États-Unis et le Mexique, le thème de la « fin des territoires » semble incongru. Et pour un mur de Berlin tombé, combien d'autres ne se sont pas dressés?

La perception des territoires et des frontières est encore plus nette lorsqu'on analyse les conflits en cours. Tous, pratiquement, sont liés à des disputes territoriales. La situation en Crimée montre que Moscou et Kiev ne croient pas vraiment à la fin des frontières. Lorsqu'on se rend dans la zone dite « démilitarisée » sur le 38e parallèle qui sépare les deux Corée, on a une très nette idée matérielle de ce que peut être une frontière. L'emblématique conflit israélo-palestinien n'est pas un conflit religieux, comme cela est trop souvent affirmé, dans la mesure où les Israéliens ne veulent pas convertir au judaïsme les Palestiniens, ni ces derniers faire des Israéliens des adeptes de l'islam ou du christianisme: c'est bien pour des frontières qu'ils se battent. Ainsi:

1. Les frontières n'avaient pas disparu.

2. Elles se sont revigorées pour des raisons sanitaires.

3. Cet état de fait n'est pas là pour durer éternellement.

On va très certainement se diriger vers une relocalisation de la production. Cela avait d'ailleurs déjà été entamé du fait de l'élévation du coût de la main-d'œuvre en Chine, et parce qu'une partie des élites occidentales avait perçu le coup politique de délocalisations trop brutales. Les dégâts du surtourisme étaient déjà diagnostiqués, et des villes ou des sites, de Grenade à Dubrovnik, de Venise au Machu Picchu, avaient fixé des quotas de visiteurs.

Lorsque la crise du Covid-19 est apparue, nous avons pu constater que l'État-nation, jugé obsolète et ringard par certains théoriciens de la mondialisation, était devenu le rempart et le refuge vers lequel les citoyens se tournaient. Et que c'étaient bien les États qui, en liaison avec l'expertise de l'OMS, étaient en mesure de mettre en œuvre les dispositifs de protection.

La dépense publique et l'impôt, les services publics tous décrits comme ringards, inadaptés, devant laisser place au marché, ont bien été réhabilités. Les mêmes, d'ailleurs, qui se plaignaient de la fiscalité et du poids de l'État se sont tournés vers lui pour obtenir aide et protection, sachant que la stricte application de la loi du marché signifiait leur faillite.

Il y a une autre relation entre le Covid-19 et la mondialisation. Pour la première fois dans l'histoire de l'humanité, le monde entier a eu peur de la même chose en même temps. Le virus effraie autant le guide suprême iranien que Donald Trump, Israéliens que Palestiniens, Chinois qu'Islandais, Français qu'Haïtiens, Brésiliens que Russes. La pandémie a réellement réuni dans la même peur. Cela n'était jamais survenu auparavant, y compris pendant la Seconde Guerre mondiale.

C'est certainement la fin de l'ivresse de la mondialisation, du sentiment que tout allait toujours pour le mieux, que les choses progressaient et qu'on était à l'abri des catastrophes. La fin de cette illusion est, bien sûr, encore plus cruelle pour les Occidentaux que pour les autres, parce qu'ils ont cru dans un premier temps que la mondialisation était leur triomphe avant de commencer à réaliser que, bénéficiant aux autres nations, elle modifiait le rapport de force contre eux, rendant caduque leur suprématie passée.

Chapitre 9

Va-t-on vers un contrôle plus étroit des peuples ?

La crise du Covid-19 a eu un effet d'aubaine pour les régimes autoritaires qui en ont profité pour resserrer leur contrôle des populations en mettant en avant des motifs sanitaires. Les contestations populaires ne sont pas pour autant étouffées.

Le Covid-19 a représenté une pandémie d'une gravité exceptionnelle, mais elle a eu aussi un effet d'aubaine pour de nombreux gouvernements qui en ont profité pour étendre leur pouvoir, restreindre les libertés, accentuer la répression.

Interdire les déplacements, obliger les gens à rester chez eux constitue bien sûr une atteinte à la liberté d'aller et venir. Mais celle-ci est justifiée par un impératif encore plus important : préserver la vie. Les moyens de lutte contre le Covid-19 ont imposé des sacrifices, qui étaient légitimés par l'urgence et la gravité de la situation. Ces interdits, lorsqu'ils étaient uniquement motivés par des raisons de santé publique, ont été levés quand l'amélioration de la situation sanitaire le permettait.

Dans d'autres cas, le Covid-19 a eu un effet d'aubaine pour des gouvernements contestés – et souvent contestables – qui y ont vu un moyen pratique de faire taire les oppositions.

Lorsque réunions et déplacements sont interdits, il peut paraître justifié d'interdire également les manifestations ou de donner les pleins pouvoirs à un gouvernement pour lui permettre d'agir plus résolument contre la crise. Mais les arrière-pensées et les actions douteuses n'ont pas manqué. Le Covid-19 a très souvent été un prétexte, et non pas le motif réel, pour un durcissement de certains régimes souhaité depuis longtemps et facilité par la crise, pendant que le monde extérieur avait les yeux tournés ailleurs. Plus de cinquante États ont déclaré l'état d'urgence.

Ces restrictions n'ont pas été l'apanage des pays non-occidentaux. Ils ont également touché les pays de l'Union européenne. En Hongrie, par exemple, où le Premier ministre Viktor Orbán s'écarte depuis longtemps des valeurs démocratiques prônées par l'Union européenne. Une loi lui a permis, depuis le 30 mars, de légiférer par ordonnances. La loi « coronavirus » instaure une peine allant jusqu'à cinq ans de prison pour la diffusion de fausses nouvelles sur le virus ou les mesures du gouvernement. On apprenait, le 15 mai, que deux Hongrois avaient été emprisonnés pour avoir critiqué sur Internet la gestion de la crise sanitaire par le gouvernement d'Orbán. L'ONG américaine Freedom House est allée jusqu'à déclarer : « On ne peut plus considérer la Hongrie comme une démocratie. » Le 25 avril, *The Economist* comparait la politique menée par Orbán aux situations en Serbie ou au Togo, pays que l'on ne peut pas, en temps normal, comparer à l'Union européenne, notamment en termes de standards démocratiques. La vigueur des réactions nationales et internationales a poussé Victor Orbán à annoncer l'abrogation de la loi sur l'état d'urgence.

En Pologne, les dirigeants de la droite dure du parti Droit et Justice au pouvoir ont, dans un premier temps, refusé d'annuler l'élection prévue début mai, ce qui aurait privé l'opposition de la possibilité de faire campagne. Une forte mobilisation a empêché cette forfaiture démocratique de se tenir.

En Bulgarie, le président Radev a dû mettre son veto à une loi votée par le Parlement à majorité conservatrice, prévoyant des sanctions pour la propagation de fausses informations.

Concernant la situation dans les Balkans, Freedom House, dans son rapport annuel publié le 6 mai, fait le constat d'une « rupture démocratique dramatique ». À l'instar de la Hongrie, la Serbie et le Monténégro ne sont plus considérés par l'ONG comme des « démocraties », mais comme des « régimes hybrides ». La crise du Covid-19 y a permis des arrestations arbitraires, de la surveillance, des écoutes téléphoniques et autres atteintes à la vie privée. La Moldavie est aussi mise sur la sellette.

En Russie, le Covid-19 a permis à Vladimir Poutine d'étendre son système de reconnaissance faciale. En Tchétchénie, la situation est toujours aussi dramatique puisque le « président » Kadirov n'a pas hésité à menacer de mort une journaliste qui avait critiqué sa gestion de la crise sanitaire.

En Azerbaïdjan, le président Aliev en profitait pour emprisonner quelques opposants. Le terme même de « coronavirus » était interdit au Turkménistan, le pays étant censé ne pas être touché par le virus. La situation était comparable en Biélorussie où le président Lukashenko, au pouvoir depuis 1994, parlait d'une « épidémie saisonnière ».

En Jordanie, au Yémen et à Oman, la publication des journaux a été interrompue parce qu'ils pouvaient, soi-disant, transmettre le virus.

Des journalistes enquêtant sur le Covid-19 ont été emprisonnés en Jordanie et en Turquie. Au Liban, le confinement a permis de mettre fin aux manifestations qui contestaient très vivement le pouvoir et la classe politique, et en Iran, la répression à l'égard de la population a été renforcée. En Israël, l'urgence de la crise sanitaire a permis à Benjamin Netanyahou de se maintenir au pouvoir, malgré les accusations de corruption contre lui.

Toujours au motif de lutter contre la désinformation, des mesures punitives ont été prises en Bolivie, où les élections ont été reportées, et au Salvador. Le Covid-19 a également été un prétexte pour peupler un peu plus les prisons au Venezuela.

En Thaïlande, l'état d'urgence a permis d'augmenter la censure puisque, selon le Premier ministre, « la santé passe avant la liberté », le tout pendant que le roi Rama X partait se confiner dans un hôtel de luxe en Bavière. Aux Philippines, le président Duterte, égal à lui-même, après avoir nié la dangerosité du Covid-19, a déclaré un confinement, demandant à la police et aux militaires de prendre l'affaire en main. Ses recommandations pour ceux qui ne le respecteraient pas sont assez sévères : « Abattez-les, a-t-il demandé. Vous comprenez ? Morts. Au lieu de causer des problèmes, je vous enverrai à la tombe. » C'est dans la droite ligne de ses recommandations concernant les trafiquants de drogue.

Au Cambodge, le Sénat, tout comme l'Assemblée nationale, a voté à l'unanimité une loi d'état d'urgence qui permet d'interdire la diffusion d'informations susceptibles « d'effrayer la population, de provoquer des troubles, d'avoir des conséquences négatives sur la sécurité nationale ou de semer la confusion en réponse à l'état d'urgence ». La loi prévoit de lourdes sanctions en cas de non-respect, pouvant aller jusqu'à dix ans de prison[1].

Au Bangladesh, en Birmanie, en Chine, en Inde, à des degrés divers et au motif de ne pas inquiéter de façon excessive la population, des mesures contraires à la liberté d'informations ont été prises, de même qu'aux Fidji, en Indonésie ou en Papouasie-Nouvelle-Guinée.

La Chine profitait même de ce moment pour emprisonner, le 18 avril, au cours d'une véritable rafle policière, quatorze figures de l'opposition à Hong Kong. Sans doute, Pékin pensait que le monde regardait ailleurs. Ce n'était pas le cas, et cet épisode n'a eu pour résultat que de fournir des arguments supplémentaires

---

1. *Mediapart*, 18 avril 2020.

à ceux qui dénoncent l'autoritarisme du régime, au moment même où la Chine lançait une vaste opération de séduction de l'opinion publique internationale avec sa « diplomatie des masques ». Les autorités de Hong Kong profitaient aussi de la pandémie pour interdire les manifestations du 4 juin, célébrant l'anniversaire de la répression place Tien An Men. Fin mai, Pékin adoptait une loi de sûreté nationale, intervenant en lieu et place des autorités de Hong Kong, pour entraver la critique du régime chinois.

En Algérie, l'interdiction des manifestations a été un bon moyen de mettre le Hirak entre parenthèses. Cinq mille prisonniers ont été libérés, mais aucun parmi eux n'était prisonnier politique. Au contraire, deux sites d'information, Maghreb Émergent et Radio M, très critiques à l'égard du pouvoir, n'ont plus été accessibles, et une cinquantaine d'opposants ont été arrêtés. Khaled Drareni, correspondant de TV5 Monde et de Reporters sans frontières, a été arrêté, le président Tebboune l'accusant d'être « à la solde des médias étrangers ».

En Afrique du Sud, la désinformation a été criminalisée. Des journalistes ont été inquiétés au Burundi. En Égypte, la censure a été renforcée. En Guinée, Alpha Condé en a profité pour réduire au silence l'opposition. Au Nigeria, le Covid-19 a permis d'interdire les manifestations de protestation contre des détournements de fonds. Au Rwanda, la police a arrêté arbitrairement des dizaines de personnes. En Somalie, le gouvernement a indiqué aux journalistes que les informations ne pouvaient provenir que du ministre en charge du dossier. En Tanzanie, trois médias ont été condamnés au motif d'avoir diffusé de fausses informations sur le nombre de cas dans le pays. Au Zimbabwe, la répression a été renforcée.

Les contestations populaires vont reprendre

On serait tenté de dire : rien de nouveau sous le soleil – ou, en l'occurrence, à l'ombre. Qu'Orbán soit répressif, que Duterte donne des permis de tuer, que Pékin réprime Hong Kong, que le pouvoir algérien tente de mettre fin au Hirak, que le Cambodge soit une dictature, rien de ceci n'est une révélation. La répression a pu être accentuée sous le double effet d'aubaine d'un impératif sanitaire détourné de son objectif réel, et d'une opinion internationale qui avait la tête ailleurs.

Tout ceci est provisoire. La contestation va reprendre, partout où elle existait. Le Covid-19 constitue une pause, pas une fin. On peut même penser que les pouvoirs qui auront fait preuve de leur incompétence dans cette crise ne pourront pas le cacher par la seule répression. Les sociétés civiles leur demanderont des comptes sur un sujet plus important encore, à leurs yeux, que la liberté ou la démocratie : la santé et la vie.

En Afrique ou en Thaïlande, les dirigeants qui partent se faire soigner à l'étranger, signifiant leur absence de confiance dans leur système de santé national, seront encore plus critiqués avec la crise du Covid-19. La faiblesse des systèmes de santé est due aux sous-investissements dont ne souffrent pas les dirigeants, habitués aux séjours coûteux à l'étranger où ils accumulent dépenses somptuaires et acquisitions de biens immobiliers. Mais donner le sentiment qu'on laisse la population nationale faire face à la maladie, à la mort lorsque celle-ci exerce une pression urgente, sera encore plus considéré comme inadmissible.

Le débat sécurité/liberté n'est en rien nouveau. Il est posé régulièrement en politique intérieure, notamment s'agissant de la délinquance. Ce même débat a été de nouveau posé, avec une force renouvelée, après les attentats du 11 Septembre, et s'est vu conférer un caractère central dans le débat public du fait de la menace terroriste. Il le sera sans aucun doute vigoureusement s'agissant de la façon de gérer d'éventuelles nouvelles pandémies. Mais quand ce lien est fait, les propositions concernent toujours les restrictions de libertés, pas leur extension. Et cela est encore plus vrai si la santé – et la survie – sont en jeu.

Au tout début de la crise, lorsque la Chine a confiné des millions d'habitants, beaucoup, notamment en Occident, affirmaient que seul un pays totalitaire pouvait prendre des mesures aussi contraignantes, voire liberticides. Tous ont ensuite réalisé que c'était loin d'être le monopole des régimes autoritaires. La France, qui est indéniablement une démocratie, a été confinée pendant huit semaines, et celui qui dérogeait à cette règle pouvait être lourdement sanctionné. Dans un pays où la démocratie est solidement établie et où la société civile joue un rôle prégnant, la Corée du Sud, ont été mises en place des mesures draconiennes, impliquant le port du masque pour tous et une pratique massive de tests. Cela a permis de contenir la pandémie. Un site et une carte en ligne, créés par le gouvernement, permettent même à chacun de voir en temps réel où se trouvent les individus contaminés. Les données sont recueillies par le biais d'images de vidéosurveillance, d'analyses des cartes bancaires et des téléphones des individus affectés. Une personne qui refuse de partager ses informations peut risquer jusqu'à deux ans de prison. Le système est accepté par la population, car considéré comme juste.

Si la mondialisation a rendu possible la propagation ultrarapide de la pandémie, les nouveaux moyens technologiques permettent un contrôle accru de la population. Que va-t-il se passer à l'avenir? Jusqu'où acceptera-t-on de donner accès à nos données privées pour garantir notre santé? Après tout, ne sommes-nous pas déjà en train de les rendre accessibles volontairement, *via* les réseaux sociaux? Il serait en tout cas important que ce type de débat ait lieu en amont de la prochaine crise, au lieu que des mesures soient à nouveau prises dans l'urgence. C'est un problème fondamental qui ne peut être traité en période de crise. Il s'agit d'un débat de fond, que toute société démocratique doit traiter de façon ouverte et inclusive. Cela mérite un vrai débat, aussi bien au niveau national qu'international.

Yuval Harari se montre optimiste et volontariste: « [...] Il faut garder à l'esprit un principe important: si, pour contrôler l'épidémie, vous renforcez la surveillance des individus, alors vous devez dans le même temps accroître celle du gouvernement et des grandes entreprises[1]. »

Pour ma part, je ne suis pas pessimiste. Les pouvoirs en place ont très souvent tendance à vouloir augmenter leur marge de manœuvre, ce qui signifie diminuer celle des populations. Celles-ci, non seulement, résistent, mais ont aussi, régulièrement, conquis des libertés nouvelles.

---

1. *Le Parisien Magazine*, 7 mai 2020.

Sur la tendance longue, la démocratie et l'autonomie des individus progressent. Il peut y avoir des retours en arrière d'ampleurs différentes, par les armes et d'une brutalité sans entrave en Syrie, ou par les urnes en Hongrie, mais, sur le long terme, la liberté progresse.

Faut-il voir, dans la façon dont la crise du Covid-19 a été gérée, la supériorité de certains types de régimes sur d'autres ? N'a-t-on pas entendu que l'avantage des régimes autoritaires était de pouvoir imposer plus facilement les nécessaires restrictions aux libertés qu'impliquait la lutte contre la pandémie ? L'argument tourne court. Si on peut appliquer ce raisonnement à la Chine, on peut voir également qu'un pays semi-autoritaire comme Singapour, ou des pays parfaitement démocratiques comme Taïwan et la Corée du Sud, ont également géré de façon extrêmement remarquable la crise, en en limitant au maximum les effets sanitaires, mais également économiques et sociaux. On pourrait dire que c'est le propre des valeurs asiatiques, qui privilégient le groupe sur l'individu, mais la Nouvelle-Zélande a également été extrêmement performante. Sa Première ministre, Jacinda Ardern, s'était déjà distinguée lors des attentats de Christchurch. Réactivité politique, discours cohérent et crédible, confiance dans la maturité de la population et légitimité des instances gouvernementales : là est certainement la solution.

Chapitre 10

Le multilatéralisme sous pression

Le monde est un village global, mais il n'existe pas de conseil municipal pour le diriger. La crise du Covid-19 est avant tout une crise du multilatéralisme, mais seul le multilatéralisme peut prévenir de nouvelles crises.

Jamais l'écart entre la réalité d'un monde globalisé et celle de l'absence d'institutions capables de le gérer n'a été aussi évident que lorsque la crise du Covid-19 a éclaté. Les deux principales puissances mondiales, au lieu de coopérer, se sont déchirées. L'Organisation mondiale de la Santé (OMS), au lieu d'être soutenue, a été mise en cause et a vu ses moyens non pas augmentés mais, au contraire, réduits.

Donald Trump n'a pas activé le G7 qu'il présidait pendant la crise. Il a repoussé à l'automne la date de son prochain sommet prévu initialement en juillet. Il souhaite d'ailleurs y convier l'Inde, l'Australie, la Russie et la Corée du Sud pour le transformer en sommet anti-chinois, ce que de nombreux pays voudraient éviter. Le G20, présidé par l'Arabie saoudite, n'a guère été plus réactif.

Le Conseil de sécurité de l'Organisation des Nations unies (ONU) a lui aussi été paralysé, alors même que l'urgence sautait aux yeux de tous et que le secrétaire général des Nations unies, António Guterres, déclarait que le monde faisait face « au plus grand défi à relever depuis la Seconde Guerre mondiale ». Comme l'a souligné François Bonnet: « Aux plus belles heures de la guerre froide, ses membres [ceux du CSNU] s'étaient mis d'accord pour lutter ensemble et massivement contre la poliomyélite. En 2000, ils avaient aidé pour le Plan mondial contre le Sida. En 2014, ils étaient unanimes pour endiguer l'épidémie d'Ebola en Afrique de l'Ouest[1]. »

Lors de la crise d'Ebola, la Chine et les États-Unis ont coopéré sans problème, notamment en aidant à la création d'un Centre africain pour le contrôle et la prévention des maladies (CACM), en 2016.

Lors de sa visite à Pékin, en novembre 2014, le président Obama déclare, à propos d'Ebola: « Nous mettrons à profit nos forces respectives et travaillerons avec le reste de la communauté internationale pour aider les pays touchés à renforcer leurs capacités en matière de

---

1. *Mediapart*, 30 avril 2020.

santé et de prévention des épidémies, afin de maîtriser l'épidémie le plus rapidement possible[1]. »

Il pourrait – devrait – paraître évident que, dans un monde globalisé, la réponse que doit apporter l'humanité aux défis communs qui surgissent ne peut être que collective. Seule une action multilatérale – décidée en commun – peut se révéler efficace.

Lorsque le bateau coule ou qu'un incendie éclate, la tentation du « chacun pour soi » peut être forte. Mais c'est une action collective et coordonnée qui apporte la solution pouvant bénéficier au plus grand nombre. Le multilatéralisme est source de contraintes. Il faut se concerter, prendre l'avis des autres, négocier, convaincre plutôt qu'imposer. Ceux qui sont puissants pourront toujours penser qu'il est plus rapide, plus efficace de décider seul, sans s'encombrer des états d'âme ou tergiversations d'acteurs moins puissants.

Des États-Unis jadis multilatéralistes

Le multilatéralisme n'est pas forcément le choix contraint des puissances moyennes ou le recours ultime des faibles. Il peut également être mis en œuvre par des grandes puissances qui estiment qu'il n'est pas contraire à leur intérêt, et qu'à l'inverse, l'efficacité renforcée qui peut en découler sera à leur bénéfice ultime.

Si, aujourd'hui, les États-Unis de Donald Trump incarnent de façon extrême et caricaturale le refus du

---

1. Cité par Antoine Bondaz, « « Route de la soie de la santé » : comment la Chine entend profiter de la pandémie pour promouvoir sa diplomatie sanitaire », FRS, 26 mars 2020.

multilatéralisme, les réticences à l'égard de ce dernier ne sont pas apparues en 2016 aux États-Unis. Cependant, il fut une époque où, malgré leur puissance inégalée, les États-Unis eurent une politique multilatérale affirmée et efficace.

Ainsi, Roosevelt, peu avant de mourir en 1945, déclarait : « Nous avons appris que nous ne pouvons pas vivre seuls en paix. Notre bien-être dépend du bien-être d'autres nations lointaines. Nous avons appris à être des citoyens du monde, des membres d'une communauté humaine. Nous avons appris cette simple vérité, comme l'avait dit Emerson : "La seule façon d'avoir un ami est d'en être un"[1]. »

Au sortir de la Seconde Guerre mondiale, les États-Unis ont une puissance sans doute inégalée dans l'histoire du monde. Aucune autre puissance n'a jamais, à ce point, surpassé les autres. Leur territoire avait été à l'abri des destructions de la guerre, leur appareil industriel a été stimulé par la demande extérieure. Ils représentent alors la moitié du PIB mondial. Leurs soldats sont présents d'Oslo à Tokyo. Ils ont le monopole de l'arme nucléaire. Leur flotte représente également les deux tiers de la flotte mondiale. Ils possèdent les deux tiers des réserves d'or du monde et produisent deux tiers du pétrole mondial. Le dollar est la monnaie reine. Le charbon et l'acier sont symboles de puissance : ils réalisent la moitié de la production mondiale de charbon ; leur production d'acier est de 95 millions de tonnes ; l'URSS, qui arrive au second rang, n'en produit que 20 millions.

---

1. Gideon Rose, « The Fourth Founding », *Foreign Affairs*, janvier 2019.

C'est pourtant à ce moment-là que les États-Unis vont créer l'ONU et accepter d'être traités sur un pied d'égalité avec des pays bien éloignés de leur niveau de puissance : une Chine sous-développée, en pleine guerre civile et qui a été dévastée par le Japon ; une Union soviétique aux antipodes idéologiques, ayant perdu 26 millions d'habitants et qui a été ravagée par les nazis ; une France ayant subi l'humiliation de juin 1940 et de la collaboration, même si son honneur a été sauvée par de Gaulle, la résistance et l'outre-mer, et à laquelle il reste peu d'infrastructures en état de marche ; un Royaume-Uni ayant certes eu l'honneur d'être le seul pays à avoir combattu Hitler du début à la fin de la guerre, mais qui a tellement souffert de celle-ci que, lorsqu'il organisera les Jeux olympiques de 1948, il sera recommandé aux délégations étrangères d'amener leur propre ravitaillement. Les États-Unis vont également créer à cette époque le GATT, le FMI et la Banque mondiale, et lancer le plan Marshall. Tout ceci était dans leur intérêt, bien évidemment, mais a aussi largement bénéficié à une grande partie de la planète.

Depuis, les États-Unis se sont quelque peu éloignés de ces bonnes dispositions. Petit à petit, la « république impériale » va de plus en plus utiliser les méthodes d'un empire, même si ce mot n'est pas du goût de Washington. La prise de conscience de leur puissance, le constat de la dépendance à leur égard de leurs alliés, les nécessités de répondre aux défis du rival soviétique et la conviction renforcée de leur caractère à la fois unique et supérieur, les ont de plus en plus conduits à se conformer à la politique classique de toutes les premières ou grandes puissances mondiales : décider seul et ne pas s'encombrer excessivement des opinions ou intérêts d'autres nations, de toute façon moins fortes et moins vertueuses.

Trump ou l'apogée du rejet du multilatéralisme

Certains commentateurs voient en Donald Trump celui qui aurait créé une rupture en adoptant une diplomatie unilatéraliste. Ils ont la mémoire courte et ont apparemment oublié Georges W. Bush et – entre autres – sa guerre d'Irak. Mais – et on y reviendra – le problème est encore bien plus profond que cela. La crise du Covid-19 n'est pas venue ébranler un système multilatéral qui fonctionnait de façon harmonieuse : elle est venue ajouter une dose d'acide supplémentaire sur une structure déjà rongée.

Donald Trump incarne certes personnellement la remise en cause du multilatéralisme. Il a proclamé haut et fort sa méfiance, pour ne pas dire son aversion à l'égard des institutions internationales. Il prend ses décisions seul ; ses propres ministres n'ont d'ailleurs pas d'influence sur lui – seul son cercle familial semble en avoir. Il ne prend pas la peine, sur des décisions collectives, de consulter ses alliés asiatiques ou européens les plus proches, ni même de les informer directement des décisions prises. Ils n'ont pour cela qu'à se renseigner *via* son compte Twitter.

Depuis qu'il est entré en fonction, c'est à coups de hache que Donald Trump s'est attaqué aux institutions multilatérales. La présence provisoire, comme conseiller national à la sécurité, de John Bolton, qui avait, en des temps antérieurs, préconisé de raser dix étages de l'ONU, en était une illustration parmi de multiples autres. Donald Trump sait que ses électeurs, qui n'aiment déjà pas beaucoup l'État fédéral, détestent franchement les institutions internationales. Elles ne peuvent qu'être des entraves à la souveraineté américaine, privant un peuple sain et vertueux de son libre arbitre. Elles sont à leurs yeux peuplées de gouvernements dictatoriaux et anti-américains, et servent principalement à détourner du « bon argent » américain au profit de peuples oisifs, qui ne seront jamais reconnaissants de l'aide apportée par l'Amérique. Tout ceci, alors qu'il y a tant à faire au niveau interne. De façon majoritaire, les citoyens américains surestiment dans des proportions presque affolantes les montants d'aide au développement accordés par les États-Unis.

Le bilan du premier mandat de Trump à l'encontre du multilatéralisme est une formidable réussite. De son point de vue, bien sûr. Il a retiré son pays des instances de l'UNESCO, que George W. Bush – pas vraiment le profil d'un multilatéraliste vibrionnaire – avait pourtant réintégrées en 2001. Il s'est retiré des accords de Paris sur la lutte contre le dérèglement climatique signés en décembre 2015, un des rares moments où le terme de « communauté internationale » a pris un sens puisque tous les pays présents, quelle que soit leur situation économique ou énergétique, avaient signé le même texte. Il a dénoncé l'accord dit « 5 + 1 », qui avait pourtant permis d'éviter deux scénarios catastrophes : un Iran doté d'armes nucléaires ou une guerre pour empêcher l'Iran de se doter de l'arme nucléaire. Il est vrai que cet accord avait le malheur d'avoir été signé par Barack Obama, et d'être vu très négativement par ses alliés saoudiens et israéliens. Par ailleurs, depuis 1979, l'Iran est diabolisé aux États-Unis et se montrer dur avec ce pays est rentable électoralement.

Donald Trump a également voulu mettre au point, seul, ce qu'il a présenté comme le « deal du siècle », censé apporter la paix entre Palestiniens et Israéliens, après avoir, contre l'avis du monde entier, transféré son ambassade de Tel-Aviv à Jérusalem. Il refuse de nommer un juge au sein de l'organe des règlements des différends de l'Organisation mondiale du commerce, dans le but avoué de bloquer cette institution. Il s'est, en outre, retiré d'ONUSIDA, n'a pas souscrit au pacte des Nations unies sur les migrations, a dénoncé les accords de désarmement sur les forces nucléaires intermédiaires et le traité Ciel ouvert.

Il a, enfin, suspendu les subventions américaines à l'OMS pour annoncer finalement qu'il s'en retirait. S'agit-il du dernier clou planté dans le cercueil du multilatéralisme ? Non, c'est un coup de poignard supplémentaire, mais il fait en réalité partie d'un mouvement plus large. Il est visible aujourd'hui parce qu'il y a un effet panique et que, surtout, chacun se sent concerné et éventuellement victime. Mais le multilatéralisme avait déjà très largement failli en d'autres circonstances, de la guerre civile syrienne au conflit israélo-palestinien, en passant par les affrontements au Yémen ou au Sud-Soudan, notamment. Chacun se rassure en estimant que ces événements, pour tragiques qu'ils étaient, et qui ont fait pour la plupart bien plus de victimes que le Covid-19, étaient lointains et ne risquaient de nous affecter que très indirectement. Dès lors, les failles du multilatéralisme étaient à la fois regrettables et acceptables. C'est aujourd'hui différent, personne n'étant épargné.

On a tellement parlé de la crise du multilatéralisme… Emmanuel Macron s'est habilement glissé dans cette brèche, s'en faisant le champion. Lors des deux dernières assemblées générales de l'ONU, qui se tiennent ordinairement en septembre, on a pu assister à des discours miroirs, Trump se faisant le champion du *America First* – en fait, *America alone* – et Macron le chantre d'un multilatéralisme qu'il fallait absolument protéger. Le président français a martelé ce thème à de multiples reprises. Si les États-Unis étaient la principale puissance visée pour leur défaut de multilatéralisme, ils n'étaient pas la seule, la Chine et la Russie prenant également leur part de reproches.

Feu sur l'OMS

En matière de santé publique, l'institution internationale qui dépend de l'ONU est l'Organisation mondiale de la Santé. C'est donc tout logiquement que Donald Trump va s'attaquer à cette institution. Il confirme ainsi sa logique anti-multilatérale ; il trouve un bouc émissaire pour couvrir ses propres turpitudes, entre déclarations insensées et inaction coupable, et flatte ses électeurs, facilement convaincus que « l'enfer, c'est les autres ».

Le président américain accusait l'Organisation mondiale de la Santé d'avoir extrêmement mal géré la crise et d'avoir masqué l'expansion du virus. « Beaucoup de morts sont dus à leurs erreurs », disait-il lors d'un briefing à la Maison Blanche avec des journalistes. Il reproche à l'OMS d'avoir repris à son compte la communication chinoise, alors que les États-Unis financent pour plus de 400 millions de dollars l'organisation, contre seulement 40 millions pour la Chine, selon ses affirmations[1].

Le 14 avril 2020, Donald Trump annonçait la suspension des versements américains à l'OMS. Il passait une nouvelle couche : « Si l'OMS avait fait son travail et envoyé des experts médicaux en Chine, pour évaluer objectivement la situation sur le terrain, pour dénoncer le manque de transparence de la Chine, l'épidémie aurait pu être contenue à sa source avec très peu de morts. » Pour justifier la suspension du financement américain, Donald Trump accuse donc l'OMS d'avoir failli dans sa tâche et d'être largement responsable d'une plus large diffusion de la pandémie du Covid-19, du fait de sa trop grande proximité avec le pouvoir chinois. Loin de faire le bien, l'organisation internationale contribue selon lui aux malheurs du monde.

Un tel argument est contradictoire avec le discours initial du président américain qui, en janvier, félicitait au contraire Xi Jinping pour sa gestion de l'épidémie. Quels que soient les reproches que l'on puisse faire à l'OMS, est-ce bien le moment de suspendre une partie considérable de ses financements ? N'est-il pas préférable d'attendre la fin de la crise et de ne pas couper, en plein incendie sanitaire, les ailes financières à l'organisation ? Pour le moment, il s'agit de la seule organisation internationale en charge de cette pandémie. Rien qu'à l'égard de son personnel, qui se bat quotidiennement contre la

---

1. BBC Global News, podcast du 15 avril 2020.

pandémie, le signal n'est tout simplement pas sérieux et paraît parfaitement irresponsable. D'ailleurs, aucun chef d'État ni de gouvernement, aucun responsable international n'a approuvé cette décision.

Mais, comme toujours, Donald Trump fait de la politique intérieure. Il pense avant tout à son électorat, hostile en général aux institutions internationales. D. Trump prend ainsi une décision d'ordre international en ayant pour priorité son cœur de cible électorale, sans prendre en compte la responsabilité internationale des États-Unis.

La gestion de l'OMS n'est, à l'évidence, pas exempte de toute critique. On lui reproche principalement sa trop grande proximité avec Pékin. Elle a tardé à admettre le risque de transmission humaine, ne le faisant que le 22 janvier. Elle a peut-être perdu une semaine. Mais le reste des événements va montrer que bien des pouvoirs nationaux ont été encore plus lents au démarrage, et ce malgré les alertes de l'OMS. Le 30 janvier, son président, qui s'était rendu en Chine et dont une photo de lui s'inclinant devant Xi Jinping avait, pour beaucoup, été la marque d'une soumission au régime chinois, célébrait la transparence et la réponse sans précédent des autorités chinoises. Mais n'est-ce pas la faiblesse de toute organisation internationale de devoir composer avec les autorités nationales, notamment pour pouvoir établir une coopération ? L'OMS a également été accusée de contacts avec le régime syrien. Une nouvelle fois, se pose le dilemme entre le fait de couvrir les exactions d'un tel régime et le moyen d'avoir accès aux victimes. Les secrétaires généraux de toutes les organisations du système onusien doivent coopérer avec les gouvernements en place, plus encore lorsqu'il s'agit de membres permanents du Conseil de sécurité.

Donald Trump n'a pas été le seul à mettre en cause l'OMS. La proximité de son directeur général avec la Chine a été présentée comme un point de faiblesse majeur, l'organisation étant accusée d'avoir plus accompagné la communication de la Chine que joué son rôle de lanceur d'alerte. Pour beaucoup, critiquer l'OMS, c'est également viser Pékin. Ces sentiments antichinois sont tellement forts dans certains secteurs que tout semble bon pour viser Pékin, y compris jeter l'opprobre sur l'OMS. Mais d'autres arguments viennent atténuer les critiques portées contre l'institution onusienne. Au premier rang, son directeur lui-même qui déclarait, le 27 avril, que le monde aurait dû écouter attentivement l'OMS qui a déclenché l'urgence mondiale, soit le plus haut niveau d'urgence, le 30 janvier, alors qu'il n'y avait que quatre-vingt-deux cas et aucun décès dans le monde (en dehors de la Chine). Chaque pays aurait alors pu déclencher toutes les mesures de santé publique. On peut également remarquer que Bill Gates, difficilement soupçonnable d'être un agent de Pékin, a au contraire augmenté l'aide accordée à l'OMS lorsque Donald Trump annonçait la cessation des paiements américains[1]. Et Yuval Harari, qu'on ne saurait accuser d'anti-américanisme primaire, fait de même, avec un don conséquent d'un million de dollars.

---

1. Pascal Lamy, qui ne peut pas être caricaturé en « panda kisser », mais comme partisan assumé du multilatéralisme institutionnel, a apporté son soutien au directeur de l'OMS lors d'une séance du Paris Peace Forum, le 27 avril 2020.

François Bonnet rappelle que « le comité d'urgence rassemble quinze scientifiques et spécialistes du monde entier. Le directeur de l'OMS est obligé de le consulter ; il ne peut décider seul. L'OMS a envoyé des experts à Wuhan les 20 et 21 janvier. La transmission humaine est reconnue les 22 et 23 janvier par l'OMS, ce qui peut s'expliquer à la fois par le changement de position de la Chine, mais aussi parce qu'auparavant, les experts étaient divisés[1] ».

Problème : attaquer frontalement la Chine risquerait de ruiner toute coopération et information. Il est également reproché au directeur de l'OMS d'avoir accédé à une demande chinoise en supprimant le statut d'observateur de Taïwan. « L'OMS a longtemps été considérée comme l'agence sanitaire des pays pauvres du Sud. Le Covid-19 vient de leur rappeler (aux dirigeants occidentaux) que leur négligence ou leur hostilité à un multilatéralisme efficace a aujourd'hui un prix politique et sanitaire[2]. »

Auriane Guilbaud et Stéphanie Tchiombiano estiment, pour leur part, que l'OMS a été injustement mise en cause. Cent jours après avoir été informée des premiers cas d'une « pneumonie d'origine inconnue » en Chine, « l'organisation n'a pas failli dans son rôle normatif, produisant une cinquantaine de documents de référence à destination des États membres et lançant des messages clairs à l'égard de la communauté internationale. Les appels au dépistage massif du Covid-19, avec le slogan "test, test, test", n'ont pourtant pas été entendus par la grande majorité des gouvernements. Chacun

---

1. « L'OMS, une marionnette chinoise ? », article paru le 16 avril 2020 sur *Mediapart*.
2. *Ibid.*

d'entre eux semble uniquement concentré sur ses enjeux nationaux[1] ».

En 2009, l'OMS avait été mise en cause pour avoir déclaré trop rapidement une pandémie de grippe H1N1, provoquant l'achat par les États de millions de doses de vaccin qui se sont révélées inutiles. L'organisation avait alors été accusée d'être sous la coupe des laboratoires pour refourguer les vaccins des pays riches et d'avoir, donc, tiré prématurément la sonnette d'alarme.

On peut objectivement faire de nombreux reproches aux institutions internationales. Mais ce sont souvent les blocages, fait des grandes puissances, qui les rendent moins efficientes. Finalement, la question centrale est de savoir si sans l'OMS ou sans l'ONU le monde tournerait mieux, et si leur absence permettrait de mieux combattre la pandémie qui touche actuellement le monde. Certainement pas. Comment ne pas tenir compte de tous les progrès permis par l'OMS dans la lutte contre le paludisme, la variole ? Dans les années 1960, deux millions de personnes mouraient chaque année de la variole. En 1980, l'OMS déclarait la maladie éradiquée.

Au nom de ses intérêts électoraux, Donald Trump porte une grave atteinte à la lutte globale contre le coronavirus et au système international en général. S'il était réélu, il serait conforté dans sa logique unilatéraliste et continuerait effectivement les coups de boutoir. Or, comment bâtir un système multilatéral si la plus grande puissance n'y participe pas et travaille, de manière quasi systématique, à le saper ? Donald Trump reproche à la

---

1. *Libération*, 16 avril 2020.

Chine de trop prendre pied au sein du système international. C'est indéniable, mais Pékin ne fait que profiter du vide laissé par Washington au sein de l'ensemble des institutions. Ce n'est donc pas en aggravant ce vide que l'on va lutter contre l'offensive diplomatique chinoise. Si Donald Trump devait être réélu en novembre, ce serait un coup terrible pour le système international. La gestion d'un monde globalisé serait encore plus difficile, plus dangereuse. La Chine investirait alors d'autant plus les champs désertés par les États-Unis.

Lors de l'assemblée générale de l'OMS, les 18 et 19 mai 2020, la Chine promettait de partager avec le monde un éventuel vaccin contre le Covid-19 et d'allouer la somme de 2 milliards de dollars à ce combat mondial. Le vaccin serait considéré comme un bien commun de l'humanité et mis, donc, à la disposition de tous. Cela contrastait avec les déclarations du président, américain, du groupe français Sanofi, qui avait déclaré qu'un éventuel vaccin serait d'abord mis à disposition du marché américain, ce qui avait soulevé des tempêtes de protestations, notamment en France. Emmanuel Macron avait également évoqué la nécessité de faire du vaccin un bien commun de l'humanité.

Donald Trump s'était alors distingué, en visioconférence, par de nouvelles attaques contre l'organisation, confirmant sa volonté de cesser le financement américain. Xi Jinping, de son côté, marquait des points en se déclarant favorable à une « évaluation complète et impartiale » de la réponse mondiale au Covid-19, venant ainsi répondre à une demande européenne. Il donnait une suite favorable à des demandes faites pour un réel souci de transparence, les distinguant des attaques idéologiquement motivées de la part des États-Unis.

Les États-Unis avaient exercé un leadership tant dans la lutte contre le SRAS que contre Ebola. En mars 2020, USAID[1] a annulé des envois d'équipements médicaux à l'étranger parce qu'ils étaient nécessaires pour l'Amérique[2]. Des responsables français et allemands ont même accusé les États-Unis d'avoir subtilisé des équipements médicaux et des masques qui leur étaient destinés, et qui devaient partir de Chine.

Nous l'avons vu, la Chine déploie de gigantesques efforts de communication pour témoigner de l'aide qu'elle apporte, elle aussi, aux pays africains. Sur le sujet, les États-Unis, censés être les leaders du monde, sont aux abonnés absents. L'Europe se doit d'être là pour ne pas laisser le monopole de l'action sanitaire à la Chine. Si l'on veut contrebalancer l'influence chinoise, si on ne veut pas laisser, dans ce contexte de crise sanitaire, le monopole de l'influence à la Chine, il nous faut agir nous-mêmes et ne pas nous contenter de critiquer l'action de Pékin.

En réalité, en aidant les pays africains, les pays de l'Union européenne mettent en place une stratégie de réponse à celle de la Chine, bien plus efficace que celle des États-Unis de Donald Trump. Il faut l'admettre, cette générosité européenne est intéressée. Et c'est justement en étant généreux que l'on défend au mieux nos intérêts, ce que ne font pas les États-Unis en faisant preuve d'égoisme. Parfois, la générosité est plus intelligente que l'égoisme.

---

1. Agence des États-Unis pour le développement international.
2. *The Economist*, 18 avril 2020.

Comme l'écrit Yuval Harari, « face à de telles épidémies, le plus important est peut-être de comprendre que la propagation de l'épidémie dans n'importe quel pays met en péril l'humanité tout entière[1] ».

Un avenir meilleur?

Si la chance de reconstruire un système multilatéral avec un autre pays est nulle, comment le faire lorsque la première puissance va à l'encontre d'un tel système? Il ne faudrait pas croire que l'éventuelle élection de Joe Biden agirait comme une panacée. Si le candidat démocrate était élu en novembre, les perspectives seraient quelque peu différentes, mais les États-Unis ne seraient pas convertis d'un coup de baguette magique au multilatéralisme. Bien sûr, Joe Biden serait moins agressif, moins brutal, moins caricatural, mais il ne transformerait pas pour autant les États-Unis en une puissance multilatéraliste. Il atténuerait et « civiliserait » l'unilatéralisme de Donald Trump. Les racines de l'unilatéralisme sont puissantes à Washington et D. Trump en représente tous les excès, mais pas la seule substance. Bill Clinton et Barack Obama ont eux aussi largement versé, lorsque c'était nécessaire, dans l'unilatéralisme, et il n'y a guère de raison que J. Biden agisse différemment. Cela, bien sûr, aurait été tout à fait différent si Bernie Sanders avait été élu. Mais la machine démocrate a fait en sorte qu'il n'obtienne pas l'investiture. On se rappelle la formule très particulière de Madeleine Albright: « Multilatéralisme si nous pouvons, unilatéralisme si nous devons ». Bill Clinton avait déclaré que les États-Unis étaient « la seule nation

---

1. *Le Monde*, 7 avril 2020.

indispensable ». En clair, on fait ce que l'on veut quand ça nous arrange. Samuel Huntington, peu soupçonnable d'anti-américanisme primaire, dénonçait déjà en 1999, dans les années Clinton, la « superpuissance solitaire[1] ». Il écrivait : « En faisant comme s'ils vivaient dans un monde unipolaire, les États-Unis finissent par s'isoler de plus en plus sur la scène internationale. Les dirigeants américains prétendent constamment parler au nom de la "communauté internationale". Mais qui ont-ils en tête quand ils emploient cette expression ? La Chine ? La Russie ? L'Inde ? Le Pakistan ? L'Iran ? Le monde arabe ? L'ASEAN ? L'Afrique ? L'Amérique latine ? La France ? »

Les bombardements unilatéraux sur l'Irak ont commencé non pas en 2003 mais en 1998, et les États-Unis de Bill Clinton avaient refusé la Cour pénale internationale (CPI), le protocole de Kyoto sur la réduction des émissions carbone, le traité d'interdiction des mines antipersonnel et le traité d'interdiction totale des essais nucléaires. Et, même lorsque le Président souhaite faire un mouvement vers le multilatéralisme, on peut compter sur un Congrès très largement ignorant des questions et des réalités internationales pour l'en empêcher. La législation extraterritoriale et son application sévère se sont développées sous Barack Obama, qui n'a pas pu fermer Guantanamo ni avancer sur le conflit israélo-palestinien, et qui a considéré Snowden comme un traître et non pas comme un lanceur d'alerte soucieux de préserver les libertés. Donc, la base unilatéraliste est puissante aux États-Unis. Mais il y a un autre facteur. Joe Biden partage

---

1. Samuel Huntington, « La puissance solitaire », *Revue internationale et stratégique* n° 34, été 1999, p. 18 à 28.

au moins une chose avec Donald Trump : son aversion à l'égard de la Chine et la perception d'une rivalité stratégie globale avec ce pays. Or, c'est bien la rivalité soviéto-américaine qui avait paralysé l'ONU, censée échapper aux défauts de la Société des Nations (SDN). C'est bien le clivage Est-Ouest et l'émergence d'un monde bipolaire qui avaient empêché la mise en place d'une véritable sécurité collective. La rivalité entre Pékin et Washington, même si elle prend d'autres formes que celle qui opposait jadis Moscou et Washington, ne risque-t-elle pas de conduire aux mêmes blocages ?

Faut-il créer une structure sanitaire indépendante qui serait située à côté ou au-dessus de l'OMS ? Le problème du choix de ses dirigeants restera toujours le même. Il sera soumis à une décision intergouvernementale et aura, donc, un relatif lien de dépendance à l'égard des puissances les plus actives dans son organisation. On pourrait envisager un mandat non renouvelable, pour laisser les dirigeants plus autonomes par rapport aux grandes puissances. Mais, si le mandat n'est pas renouvelable, les dirigeants de telles organisations s'occuperont assez rapidement de la suite de leur carrière, et il risque d'y avoir plus d'opportunités du côté des grandes puissances que du côté des pays les moins avancés. L'idée de mettre en place une structure du type « GIEC » a été également avancée. Son indépendance serait garantie, mais elle n'aurait pas de pouvoir de décision. Ceci étant, en termes de capacité de lanceur d'alerte, elle aurait un pouvoir total, et c'est peut-être justement ce qui a manqué à l'OMS au départ de la crise du Covid-19 : être capable de lancer l'alerte indépendamment de la politique de communication de la Chine.

Il n'y aura pas forcément une demande pour plus de gouvernance mondiale. D'une part, parce que les peuples font plutôt confiance à leurs gouvernements nationaux. La demande pour bâtir un nouvel ordre mondial ne sera pas forcément forte, surtout que de telles demandes se font toujours après des guerres et que ce sont les vainqueurs qui imposent leurs conditions, comme ce fut le cas après les deux guerres mondiales et à la fin de la guerre froide. Ici, il n'y aura pas de vainqueur. Le pays le plus puissant ne veut en rien être concerné par une structure mondiale, et il va y avoir des résistances à ce que la puissance numéro deux impose son propre modèle. Il y aura au contraire, certainement, une demande pour un système d'alerte sanitaire beaucoup plus musclé que l'actuel, tout simplement parce qu'on a constaté que son inexistence ou inefficience avait des effets ravageurs à très court terme.

Les solutions pour sortir de la crise du Covid-19 sont les mêmes que celles pour combattre le crime organisé ou le réchauffement climatique : des réponses multilatérales et coordonnées. La leçon des années 1920, lorsque chaque grande puissance s'est rétractée sur elle-même en pensant tirer avantage des problèmes des autres, ne doit pas être oubliée.

Dans un monde global, on constate bien que les frontières ne protègent pas d'une pandémie et que tous les grands défis auxquels l'humanité est confrontée ne peuvent être résolus que par des systèmes multilatéraux, par la négociation multilatérale. Les institutions internationales sont aujourd'hui ce que Churchill disait de la démocratie : « Le pire des systèmes, à l'exclusion de tous les autres. »

Conclusion

Après le 11 septembre 2001, George W. Bush s'est posé la question : « Pourquoi nous haïssent-t-ils alors que je sais que nous sommes si bons ? » Bill Clinton avait, en 1992, interpellé le père de ce dernier, sûr de gagner l'élection du fait de son excellent bilan sur la scène internationale, sorti vainqueur de la guerre froide et de la guerre du Golfe : « *It's economy, stupid!* » George Bush père n'avait pas perçu que la crise économique comptait plus, pour les électeurs, que son bilan international. On aurait pu répondre à son fils : « *It's your international policy, stupid!* »

Mais il n'a pas poussé très loin l'interrogation sur la différence de perception de la politique étrangère américaine par les Américains eux-mêmes, et par certains secteurs de l'opinion en dehors des États-Unis. Cette tendance, soulignée par Stephen Walt, consiste à nier que l'hostilité des étrangers a quelque chose à voir avec la politique américaine, et à l'interpréter seulement comme l'expression de la jalousie, d'un ressentiment, d'un rejet profond des valeurs américaines[1].

---

1. Stephen Walt, *op. cit.*, p. 175.

La réponse de Georges W. Bush fut de lancer la guerre d'Irak, d'ouvrir Guantanamo et d'accepter l'établissement de la torture comme moyen d'obtenir des renseignements, ce qui n'a pas beaucoup contribué à restaurer l'image des États-Unis dans le monde et a stimulé, dans des proportions vertigineuses, un terrorisme contre lequel il avait déclaré être entré en guerre. Ceux qui ont lancé cette guerre ou ceux qui l'ont ardemment soutenue n'ont jamais eu de comptes à rendre sur leurs responsabilités dans cette catastrophe stratégique.

Après la crise de 2008, qui a littéralement jeté à la rue des millions de personnes appartenant autrefois à la classe moyenne et qui n'avaient rien à se reprocher, tandis que les véritables responsables de la crise s'en sortaient sans pénalité et même, souvent, avec des bonus confortables, on avait fait de la lutte contre les excès du capitalisme financier, contre les paradis fiscaux, un impératif. Là aussi, une fois la grande peur passée, on est revenu à peu près aux mêmes politiques que celles qui avaient conduit à la crise.

La crise du Covid-19 est une crise aiguë du multilatéralisme et de la solidarité. Allons-nous en tirer les conclusions ? On peut craindre qu'une fois de plus, la réponse soit négative, en grande partie du fait de la rivalité aiguisée entre les deux premières puissances mondiales.

L'Europe va-t-elle saisir sa chance ? Sera-t-elle assez forte et déterminée pour faire valoir la voix multilatérale, qui est l'ADN au moins de son noyau dur, bâti sur les pays fondateurs moins les Pays-Bas et plus l'Espagne, le Portugal et quelques autres ?

Elle pourrait être à l'origine d'une alliance des multilatéralismes, à condition d'accepter de se démarquer d'une solidarité occidentale avec les États-Unis qui l'entrave. Sur ce point, il faut qu'elle accepte de se considérer comme une puissance, mais une puissance pacifique et multilatérale, soucieuse de renforcer les institutions internationales. Entre des États-Unis unilatéralistes et une Chine tentée par l'hubris, il y a une place à prendre qui permettrait à l'Europe de fédérer autour d'elle.

Nous étions avertis de la possibilité d'une pandémie de ce type. Elle aura néanmoins pris tout le monde par surprise. Nous sommes aujourd'hui plus qu'avertis sur les conséquences du réchauffement climatique, sur l'avenir de l'humanité. En tenons-nous compte? Ne sacrifions-nous pas le long terme pour privilégier le court terme? L'une des leçons de la pandémie de Covid-19 doit être qu'on ne peut plus dire « nous ne savions pas » quand les signaux d'alarme ont été lancés.

Du même auteur

Les relations internationales de 1945 à nos jours [6e éd.], Eyrolles, à venir en septembre 2020

La géopolitique [7e éd.], Eyrolles, 2020

50 idées reçues sur l'état du monde [10e éd.], Armand Colin, 2020

Atlas des relations internationales [2e éd.], Armand Colin, 2020

Atlas des crises et des conflits [4e éd.], avec Hubert Védrine, Armand Colin, 2019

Comprendre le monde [5e éd.], Armand Colin, 2019

Géopolitique illustrée [2e éd.], Eyrolles, 2019

Requiem pour le monde occidental, Eyrolles, 2019

Je t'aimais bien, tu sais. Le monde et la France : le désamour ?, Max Milo, 2017

Léo Ferré, toujours vivant, La Découverte, 2016

COMPRENDRE LE MONDE

avec **PASCAL BONIFACE**
Géopolitologue / Direteur de l'IRIS

> Une chaîne YouTube

Chaque semaine **Pascal Boniface** apporte son **éclairage sur l'actualité internationale** dans des vidéos cumulant aujourd'hui des **millions de vues.**

> Un podcast

L'émission qui décrypte chaque **semaine**, à travers un entretien, un thème **géopolitique** en toute **liberté**.

Aller plus loin sur **www.iris-france.org**

L'IRIS est un **think tank** français travaillant sur les thématiques **géopolitiques** et **stratégiques**. L'association est organisée autour de quatre pôles d'activité : la **recherche**, la **publication**, la **formation** et l'organisation **d'événements**.

IRIS SUP', l'école de l'IRIS, forme plus de **400 étudiants** par an dans des domaines d'expertise variés : l'analyse **stratégique**, l'**intelligence économique**, l'**humanitaire** et la **défense**. Ses formations sont **reconnues par l'Etat** (titres de niveau 7 - bac+5).

Dépôt légal : Janvier 2022

Imprimé en Allemagne par BoD